# PETIT

# COURS D'HISTOIRE

Dijon.— Imp. J. Marchand, rue Bassano, 12.

# PETIT
# COURS D'HISTOIRE

à l'usage

## DES PENSIONS ET DES MAISONS RELIGIEUSES D'ÉDUCATION

RÉDIGÉ SUR UN PLAN NOUVEAU

ET SPÉCIALEMENT DESTINÉ AUX ENFANTS

Par un Professeur d'histoire.

## OUVRAGE APPROUVÉ

# HISTOIRE SAINTE

> Une des plus grandes difficultés
> de l'art d'enseigner est d'oublier que
> l'on sait, pour se mettre bien à la
> portée de ceux qui ne savent pas.
> DE JUSSIEU.

DIJON
LIBRAIRIE CLASSIQUE DE MANIÈRE-LOQUIN.

1868

# AVERTISSEMENT DE L'ÉDITEUR.

Jusqu'à ce jour on a publié de nombreux abrégés d'histoire, parmi lesquels on remarque des travaux consciencieux et dignes de l'estime avec laquelle ils ont été accueillis. Aussi n'avons-nous pas la prétention de faire mieux; mais celle de faire autrement.

Nous avons souvent entendu des instituteurs aussi éclairés que respectables, déplorer en notre présence que la plupart des traités élémentaires destinés aux enfants dépassent la portée de leur intelligence et renferment des mots et des faits qu'ils doivent ignorer le plus longtemps possible.

C'est donc pour répondre à un désir qui nous a été bien des fois exprimé que nous publions aujourd'hui ce petit cours d'histoire. Il s'adresse tout spécialement aux enfants ; il ne renferme pas un mot qui dépasse la portée de leur intelligence ou qui puisse éveiller dans leur esprit une idée peu convenable.

Il est divisé en leçons de peu d'étendue, subdivisées elles-mêmes en courts paragraphes faciles à comprendre et à retenir.

Les faits principaux y sont exposés dans un style simple, clair et concis, qui n'exclut rien de ce qui peut intéresser l'esprit et former le cœur.

A la fin de chaque époque est placée une revue sommaire qui la résume en quelques mots, et en fait saillir les principaux événements, de manière à les graver profondément dans la mémoire.

Cette revue analytique est suivie elle-même d'un questionnaire dont les numéros correspondent à ceux de chaque leçon.

La chronologie est conforme à celle du nouveau programme des études.

Ce petit ouvrage, fruit d'une longue expérience, présente la succession des faits essentiels dans un ordre méthodique qui permet aux enfants d'en saisir l'ensemble sans fatigue, et fixe leur attention par tous les détails nécessaires à l'intelligence et à l'intérêt du récit.

Puisse ce cours élémentaire, dont nous publierons successivement les différentes parties (1), faciliter la tâche des maîtres et contribuer aux progrès des enfants !

(1) Histoire de France.
— ancienne.
— romaine.
— du moyen âge.
— moderne.
— de l'Église.
Mythologie.

# PETIT COURS

# D'HISTOIRE SAINTE

## 1. — Leçon préparatoire.

L'Histoire sainte est l'histoire de la vraie religion et du peuple choisi de Dieu pour conserver sa loi, perpétuer son culte sur la terre, et donner naissance au Sauveur promis.

Elle se divise en deux parties : l'Ancien et le Nouveau Testament.

L'Ancien Testament contient l'alliance que Dieu fit avec le peuple hébreu par le ministère de Moïse. Il se compose des livres saints écrits avant Jésus-Christ.

Le Nouveau Testament contient l'alliance que le Sauveur a faite avec tous les hommes par la loi évangélique. Il se compose des livres saints écrits après Jésus-Christ.

La réunion des livres saints se nomme la Bible. Ce mot signifie le livre par excellence.

# Ancien Testament.

## 2. — Epoques remarquables.

Le temps qui précède la venue de Jésus-Christ peut se diviser en huit époques principales :
1re La Création.
2e Le Déluge.
3e La Vocation d'Abraham.
4e La Promulgation de la loi.
5e L'entrée dans la Terre promise.
6e L'Etablissement de la Royauté.
7e La Captivité de Babylone.
8e Le Retour de la Captivité.

# PREMIÈRE ÉPOQUE.

## De la Création au Déluge.

Durée : Seize siècles et demi.

## 3. — Création du Monde (avant J.-C. 4138).

Dieu créa le ciel et la terre en six jours :
Le premier jour, il dit : Que la lumière soit, et la lumière fut.
Le second jour, il fit le firmament, qu'il nomma le ciel.
Le troisième jour, il sépara les eaux de la terre,

et fit produire au sol des plantes et des arbres de toute espèce.

Le quatrième jour, il fit le soleil, la lune et les étoiles.

Le cinquième jour, il créa les oiseaux et les poissons.

Le sixième jour, il fit les animaux terrestres, et forma l'homme à son image.

Le septième jour, Dieu se reposa, c'est-à-dire qu'il cessa de créer. Il bénit et sanctifia ce jour qui fut depuis consacré à son culte.

### 4.— Adam et Eve.

Pour faire l'homme, Dieu lui forma d'abord un corps du limon de la terre, puis il l'anima de son souffle divin en lui unissant une âme intelligente et immortelle.

Il l'appela Adam, nom qui signifie enfant de la terre.

Dieu voulant donner à Adam une compagne qui lui fût semblable, lui envoya un mystérieux sommeil; et, pendant qu'il dormait, il tira l'une de ses côtes, dont il forma la première femme qui fut nommée Eve, c'est-à-dire mère des vivants.

### 5.— Le Paradis terrestre.

Dieu avait placé Adam et Eve dans le Paradis terrestre, jardin de délices qu'il avait préparé pour eux.

Ce jardin était arrosé par des eaux limpides et planté de beaux arbres chargés de fruits savoureux, au milieu s'élevaient l'arbre de vie et l'arbre de la science du bien et du mal.

Comblés de tous les dons de Dieu, nos premiers parents vivaient dans la joie et l'innocence, et ne devaient jamais mourir.

### 6. — Précepte divin.

Le bonheur d'Adam et d'Ève devait durer aussi longtemps qu'ils resteraient fidèles au Seigneur.

Mais Dieu les avait créés libres, afin qu'ils eussent le mérite de leurs œuvres ; et pour éprouver leur obéissance, il leur imposa un précepte bien facile, à l'accomplissement duquel leur félicité et celle de tous leurs descendants était attachée.

« Vous pouvez manger, leur avait-il dit, de tous les fruits des arbres de l'Éden, mais si vous touchez à celui de l'arbre de la *science du bien et du mal,* vous mourrez. »

### 7. — Désobéissance d'Adam et d'Ève.

Rien n'était plus facile à nos premiers parents que d'obéir à l'ordre divin ; mais le démon, jaloux de leur bonheur, résolut de les perdre.

Il prit la figure du serpent, le plus rusé des animaux, et dit à Ève : « Pourquoi ne mangez-vous pas du fruit de cet arbre ? »

Ève répondit : « Dieu nous l'a défendu. Si nous y touchons, nous mourrons. »

— « Non, reprit le serpent, vous ne mourrez point, mais vous serez semblables à Dieu, et vous connaîtrez comme lui le bien et le mal.

Trompée par ces paroles mensongères, Ève cueillit un des fruits défendus, en mangea et en offrit à son mari qui, de crainte de l'attrister par un refus, partagea sa désobéissance.

### 8.— Punition du premier péché.

A peine Adam et Ève eurent-ils désobéi, qu'ils reconnurent leur faute; et remplis de douleur et de confusion, ils essayèrent de se dérober aux regards du Seigneur.

Mais le bon Dieu, qui nous voit partout et toujours, appela les coupables qui cherchèrent vainement à s'excuser, et prononça leur juste sentence.

Il maudit le serpent séducteur, et condamna Adam et Ève, avec toute leur postérité, au travail, à la douleur et à la mort.

Déchus par leur faute de tous leurs priviléges, ils perdirent les plus nobles facultés de leur âme, qui fut dès lors soumise à l'ignorance et à la concupiscence.

### 9.— Promesse d'un Rédempteur.

Cependant Dieu, dans sa miséricorde, ne laissa point nos premiers parents sans consolation et sans espérance.

Il leur promit que de la femme naîtrait un Sauveur qui écraserait la tête du serpent; c'est-à-dire qui triompherait du démon et ferait rentrer les hommes en grâce avec Dieu.

Après la sentence, le Seigneur chassa Adam et Ève du Paradis terrestre, et, pour qu'ils n'y rentrassent jamais, il mit à la porte un ange armé d'une épée de feu.

### 20. — Caïn et Abel.

Les premiers enfants d'Adam et d'Ève furent Caïn et Abel. Caïn était laboureur, Abel était berger.

Tous deux, pour témoigner leur reconnaissance au Seigneur, lui offraient des sacrifices. Caïn donnait les premiers fruits de la terre, Abel, les plus beaux agneaux de son troupeau.

Mais Dieu, qui voit le fond des cœurs, agréa les offrandes généreuses d'Abel, et il rejeta celles de Caïn qui ne les faisait qu'à regret.

Celui-ci, dévoré de jalousie, conçut une haine violente contre son frère, parce qu'il était meilleur que lui, et l'engageant à venir se promener dans la campagne, il se jeta sur lui et le tua.

Le premier meurtre fut donc causé par l'envie.

### 21. — Châtiment de Caïn.

Épouvanté de son crime, le meurtrier prit la fuite. Mais la voix terrible du Seigneur l'appela et lui dit : « Caïn, qu'avez-vous fait de votre frère? »

— M'en avez-vous établi le gardien, répondit orgueilleusement le fratricide.

— Le sang de votre frère, continua le Seigneur, a crié vengeance vers moi. Vous serez maudit et errant sur la terre, et vous porterez en tous lieux vos remords et votre désespoir.

Au lieu de se repentir, Caïn s'écria : « Mon crime est trop grand pour que j'en obtienne le pardon, » et il s'enfuit à l'orient du pays d'Eden. Là, il bâtit une ville qu'il appela Hénochia, du nom d'Hénoch, son premier né.

Les descendants de Caïn furent méchants comme lui. Parmi eux on remarque Jubal, qui inventa les premiers instruments de musique, et Tubalcaïn, qui découvrit l'art de forger le fer.

### 12.— Seth et sa postérité.

Pour consoler Adam et Eve de la perte d'Abel, Dieu leur accorda un troisième fils, nommé Seth.

Seth demeura fidèle au Seigneur et ses descendants imitèrent ses vertus.

Ils furent appelés Enfants de Dieu, par opposition à ceux de Caïn, désignés sous le nom d'Enfants des hommes.

Les plus remarquables furent :

Enos, qui régla le premier les cérémonies du culte public.

Hénoch, qui mérita par ses vertus extraordinaires d'être enlevé au ciel.

Mathusalem, à qui Dieu accorda la vie la plus longue, 969 ans.

## 13.— Perversion de l'humanité.

Tant que les descendants de Seth restèrent séparés de ceux de Caïn, ils conservèrent la crainte du Seigneur; mais après la mort d'Adam, les deux familles s'unirent par des alliances défendues, et la dépravation devint générale.

Alors Dieu, dit l'Écriture, se repentit d'avoir fait l'homme, et il résolut de l'exterminer.

Un juste seul trouva grâce devant lui, ce fut Noé, descendant de Seth, qui s'était conservé pur au milieu de la corruption universelle.

## 14.— Construction de l'Arche.

Dieu révéla à Noé son dessein d'anéantir l'humanité coupable et de le sauver, lui et sa famille, de la destruction générale.

Il lui ordonna donc de construire pour lui, les siens et un couple de chaque espèce d'animaux, une arche ou grand vaisseau, dont il marqua lui-même la forme et les proportions.

Noé employa cent ans à la construction de l'arche. Pendant ce temps, il ne cessa d'exhorter les hommes au repentir et à la pénitence; mais ceux-ci demeurèrent dans l'oubli du Seigneur qui fit enfin céder sa miséricorde à sa justice.

## 15.—Revue sommaire de la première Epoque.

Cette époque primitive nous présente trois grands faits : la création de l'univers, la chute de l'homme, la première promesse du Messie.

Nous y remarquons la sanctification du septième jour ; l'établissement du sacrifice ; la fondation de la première ville du monde par Caïn ; l'invention des arts les plus utiles ; la formation des premières sociétés ; enfin la longue vie des patriarches antédiluviens, ainsi nommés parce qu'ils ont vécu avant le déluge, longue vie nécessaire à la multiplication du genre humain, autant que favorable à la conservation des traditions divines.

---

## QUESTIONNAIRE.

1. Qu'est-ce que l'Histoire sainte ? — Comment se divise-t-elle ? — Que comprend l'Ancien Testament ? — Le Nouveau ? — Qu'est-ce que la Bible ? — Que signifie ce mot ?

2. Nommez les époques remarquables de l'Ancien Testament.

3. En combien de jours Dieu créa-t-il le monde ? — Que fit-il le premier ? — Le second ? etc.

4. Comment Dieu forma-t-il l'homme ? — La femme ? — Que signifie le nom d'Adam ? — Celui d'Eve ?

5. Qu'était-ce que le Paradis terrestre ? — Dans quel état nos premiers parents y vivaient-ils ?

6. A quelle condition était attaché leur bonheur? — A quelle épreuve Dieu mit-il leur obéissance?

7. Qui les engagea à désobéir à Dieu? — Cédèrent-ils à la tentation?

8. Quelle fut la punition d'Adam et d'Eve?

9. Quelle promesse Dieu leur fit-il?

10. Nommez les premiers enfants d'Adam et d'Eve? — Quelles étaient leurs occupations? — Quelle fut la cause de la jalousie de Caïn? — Quel crime commit-il?

11. Quel fut son châtiment? — S'est-il repenti? — Nommez la première ville du monde. — Quel fut le caractère des descendants de Caïn? — Nommez les plus remarquables.

12. Quel fut le troisième fils d'Adam? — Que savez-vous sur lui? — Quel fut le caractère de ses descendants. — Nommez les plus remarquables.

13. Quelle fut la cause de la perversion de l'humanité? — Son résultat?— Quel juste trouva grâce devant Dieu?

14. Quels ordres Dieu donna-t-il à Noé? — Combien de temps celui-ci mit-il à construire l'arche?—Quelles exhortations faisait-il aux hommes?

15. Quels sont les faits principaux de la première époque? — Les faits secondaires?

# DEUXIÈME ÉPOQUE.

## Du Déluge à la vocation d'Abraham.

Durée : Dix siècles.

### 1.— Le Déluge (an du monde 1655; avant J.-C. 2482).

Lorsque l'arche fut achevée, le Seigneur ordonna à Noé d'y entrer avec sa femme, ses trois fils, Sem. Cham et Japhet, et les femmes de ses fils.

Noé obéit à Dieu qui, lui-même, dit l'Écriture, l'enferma dans l'arche avec sa famille et les animaux de toute espèce qui devaient être conservés.

Aussitôt les cataractes du ciel s'ouvrirent ; une pluie effroyable tomba sans interruption pendant quarante jours et quarante nuits ; les eaux s'élevèrent de quinze coudées au-dessus des plus hautes montagnes. Tout périt dans cette inondation, à l'exception des hommes et des animaux qui étaient dans l'arche.

Durant cent cinquante jours, les grandes eaux couvrirent la terre. Alors, Dieu se souvenant de Noé, fit souffler un vent doux et favorable qui les diminua.

L'arche s'arrêta sur le mont Ararat en Arménie ; et bientôt les cimes des autres montagnes reparurent.

Alors Noé fit sortir de l'arche un corbeau qui ne revint pas. Sept jours plus tard, il laissa envoler une colombe qui, n'ayant trouvé aucun endroit sec pour se reposer, ne tarda pas à revenir. Mise de nouveau en liberté, elle rapporta dans son bec un rameau d'olivier.

Noé comprit à ce signe que les eaux s'étaient retirées.

### 2. — Sortie de l'Arche.

Noé, sur l'ordre de Dieu, sortit de l'arche avec sa famille et les animaux qui y étaient renfermés depuis un an.

Pénétré de reconnaissance pour le Seigneur, son premier soin fut de lui offrir un sacrifice.

Dieu l'agréa et fit paraître à l'horizon l'arc-en-ciel, signe éclatant de l'alliance qu'il faisait avec les hommes et du pardon qu'il leur accordait.

Noé transmit à ses enfants les traditions divines et la connaissance des arts les plus nécessaires à la vie ; il s'adonna surtout à l'agriculture.

Le premier, il planta la vigne et fit du vin avec son fruit. Mais ignorant la force de cette liqueur, il en but un jour en trop grande quantité et s'enivra.

Cham, l'un de ses fils, le voyant en cet état, osa se moquer de son père ; mais Sem et Japhet, remplis de respect filial, couvrirent respectueusement d'un manteau le patriarche endormi.

À son réveil, Noé, apprenant ce qui s'était passé,

maudit Cham et lui prédit qu'il serait l'esclave de ses frères. Il bénit au contraire Sem et Japhet.

### 3. — Tour de Babel.

Les enfants de Noé se fixèrent d'abord dans les plaines de Sennaar, au midi de la Mésopotamie. Bientôt leur nombre s'accrut tellement qu'ils furent obligés de se séparer.

Mais avant d'aller habiter d'autres pays, voulant rendre leur nom célèbre et se préserver d'un second déluge, ils entreprirent d'élever une tour d'une hauteur prodigieuse, qui resterait leur point central de réunion.

Dieu punit cet orgueil insensé en confondant leur langage, de sorte que ne pouvant plus se comprendre, ils se virent forcés d'abandonner leur œuvre inachevée.

Le nom de Babel, qui signifie confusion, demeura à cette tour, en témoignage de ce miracle et de l'impuissance de la volonté des hommes, quand elle prétend s'opposer à celle de Dieu.

### 4. — Dispersion des Hommes.

Ce fut au pied même de la tour de Babel que se fit la grande séparation du genre humain.

Les descendants de Sem, ou *race basanée*, restèrent en Asie. C'est parmi eux que se maintint la succession des patriarches, nommés postdiluviens dans cette seconde période, et les notions primitives de la vraie religion.

Les descendants de Cham, ou *race noire*, s'établirent presque tous en Afrique.

Enfin les descendants de Japhet, ou *race blanche*, allèrent peupler l'Europe. C'est d'eux que nous sommes originaires.

Mais en s'éloignant de l'Orient, leur berceau, pour aller jeter partout les fondements des premiers empires, les hommes ne tardèrent pas à perdre la connaissance de Dieu et la mémoire de ses merveilles.

Les traditions premières furent altérées par des fables absurdes : et l'idolâtrie devint universelle.

Ce fut alors que Dieu résolut de se choisir un peuple qui conservât la pureté de son culte et le dépôt de ses divines promesses.

### 5. — Revue sommaire de la seconde Époque.

Deux grands faits dominent cette seconde époque : le déluge et la séparation des trois races issues de Noé.

Nous y remarquons le décroissement de la vie humaine ; le changement de nourriture ; le progrès de l'agriculture, des arts et de l'industrie ; la fondation des premiers empires ; les premiers essais de législation et d'organisation sociale ; et enfin l'oubli de Dieu parmi les hommes, qui multiplient les objets de leur culte insensé et divinisent tout ce qui frappe leurs sens.

## QUESTIONNAIRE.

1. Quelles personnes Dieu fit-il entrer dans l'arche? — Que se passa-t-il alors? — Jusqu'où s'élevèrent les eaux? — Où s'arrêta l'arche? — Combien de temps Noé y fut-il enfermé?

2. Que fit Noé en sortant de l'arche? — Quel fut le signe de l'alliance de Dieu avec les hommes? — Que transmit Noé à ses enfants? — Comment Cham mérita-t-il la malédiction de son père? — Quelle fut la conduite et la récompense de Sem et de Japhet?

3. Où se fixèrent d'abord les enfants de Noé? — Pourquoi furent-ils obligés de se séparer? — Qu'entreprirent-ils? — Quels furent les causes et le résultat de leur entreprise? — Que signifie le mot Babel?

4. Où se fit la séparation du genre humain? — Où s'établirent les descendants de Sem? — Ceux de Cham? — Ceux de Japhet? — Quelle fut la conduite des hommes après le déluge? — La résolution de Dieu?

5. Quels sont les grands faits de la seconde époque? Les changements et les améliorations qu'elle présente?

# TROISIÈME ÉPOQUE

## De la Vocation d'Abraham à la Promulgation de la Loi.

Durée : Six siècles et demi.

### 1.—Vocation d'Abraham (an du monde 2083; avant J.-C. 2055)

Dieu choisit Abraham, neuvième descendant de Sem, pour être le père de son peuple et la tige d'où devait sortir le Messie.

Ce saint patriarche habitait la ville d'Ur, en Chaldée. Au milieu d'idolâtres adonnés au culte du soleil, il adorait le vrai Dieu et se distinguait par ses éminentes vertus.

Le Seigneur lui apparut et lui dit : « Quittez votre patrie et la maison de votre père et venez dans la terre que je vous montrerai. Je vous rendrai le père d'un grand peuple, et je ferai sortir de votre race Celui en qui toutes les nations de la terre seront bénies. »

C'était la seconde promesse du Messie.

Docile à la voix de Dieu, Abraham partit aussitôt avec Tharé, son père, Sara, sa femme, Loth, son neveu, et tout ce qu'il possédait. Il avait alors soixante-quinze ans.

Guidé par le Seigneur, il vint s'établir dans la

terre de Chanaan, vaste et fertile contrée que Dieu lui promit de donner à sa postérité.

Une famine l'obligea bientôt de quitter ce pays pour aller en Egypte, où il fut miraculeusement protégé.

### 2.— Séparation de Loth et d'Abraham.

A son retour d'Egypte, Abraham se sépara de Loth, par suite de contestations survenues entre leurs serviteurs.

Loth, à qui son oncle avait laissé le choix de sa résidence, alla s'établir sur les rives du Jourdain, dans les plaines fertiles de Sodome et de Gomorrhe, pays tristement renommé par l'impiété de ses habitants.

Abraham se fixa dans la vallée de Mambré, aux environs d'Hébron.

### 3.— Captivité de Loth et sa délivrance.

Bientôt après, une guerre s'étant élevée entre le roi de Sodome et ceux des pays voisins, cette ville fut prise, et Loth emmené en captivité avec un grand nombre d'habitants.

A cette nouvelle, Abraham arma trois cent dix-huit de ses serviteurs, se mit à la poursuite des ennemis, les défit complétement, et revint en triomphe, ramenant avec lui les captifs délivrés et tout le butin.

Au retour de cette victoire, Abraham fut béni par Melchisédec, roi de Salem et prêtre du Très-

Haut, qui offrit en oblation du pain et du vin, figure du sacrifice de Jésus-Christ.

### 4. — Naissance d'Isaac (avant J.-C. 2030).

Selon l'usage des Orientaux, Abraham avait pris pour épouse du second rang, Agar, son esclave, qui lui donna un fils nommé Ismaël.

Mais l'enfant destiné à être l'héritier des divines promesses, devait naître de Sara.

Treize ans après la naissance d'Ismaël, Abraham étant assis devant sa tente, vit venir à lui trois voyageurs. Il s'empressa de leur offrir l'hospitalité.

Ces étrangers, qui étaient des anges, cédèrent à la prière du patriarche, et l'un d'eux lui prédit que dans un an Sara aurait un fils.

Au temps marqué par le Seigneur, Sara mit au monde cet enfant de bénédiction dans lequel devait se confirmer l'élection divine. Il fut nommé Isaac, c'est-à-dire le fils de la joie et de la promesse.

### 5. — Destruction de Sodome et de Gomorrhe.

Le Seigneur irrité des crimes des habitants de Sodome et de Gomorrhe, avait résolu de détruire ces villes coupables.

Mais à la prière d'Abraham, il promit de les épargner, s'il s'y trouvait seulement dix justes. Ce petit nombre d'élus ne devait pas même s'y rencontrer.

Deux anges sous une forme humaine se rendirent à Sodome. Loth leur donna l'hospitalité, et les protégea au péril de sa vie contre les insultes des habitants.

Les anges, ayant frappé d'aveuglement ces hommes pervers, révélèrent à Loth les desseins de Dieu, et le firent sortir de la ville avec sa famille.

Alors le Seigneur fit tomber une pluie de soufre et de feu sur Sodome, Gomorrhe et tout le pays environnant. La destruction fut si complète qu'il ne resta aucune trace de ces cités.

La femme de Loth, malgré la défense des anges, ayant regardé derrière elle, fut changée en statue de sel pour punition de sa curiosité.

### 6.— Agar et Ismaël dans le désert.

Cependant depuis la naissance d'Isaac, la présence d'Agar et d'Ismaël était devenue insupportable à Sara qui, dans sa tendresse inquiète, craignait qu'Ismaël ne ravit un jour à Isaac l'héritage de son père.

Elle obtint d'Abraham qu'il éloignât Agar et son fils. Errant ensemble dans le désert, Agar et Ismaël allaient mourir de soif et de faim, lorsque le Seigneur, touché des larmes de la mère, envoya un ange pour la consoler et lui fit découvrir une source d'eau vive.

Dieu continua de protéger Ismaël qui grandit dans la solitude et devint habile à tirer de l'arc.

Dans la suite, il épousa une Egyptienne dont il eut douze fils qui furent les chefs de douze tribus arabes.

### 7. — Sacrifice d'Abraham (2005 avant J.-C.)

Dieu, voulant éprouver la foi d'Abraham, lui dit un jour : « Prenez Isaac, votre fils unique, qui vous est si cher, et allez me l'offrir en sacrifice sur une montagne que je vous montrerai. »

Abraham, plein de confiance en Dieu, obéit sans murmure. Il partit avec son fils qui, figure admirable du divin Sauveur, portait lui-même le bois de son sacrifice.

Lorsqu'ils furent arrivés au sommet de la montagne indiquée, Abraham construisit un autel, lia son fils qui se soumit comme lui avec résignation à la volonté céleste, et il levait déjà le glaive pour l'immoler, quand un ange lui arrêta le bras et lui renouvela toutes les promesses du Seigneur.

### 8. — Mariage d'Isaac (1990 avant J.-C.)

Quelque temps après, Abraham eut la douleur de perdre Sara, sa fidèle compagne, qui mourut à l'âge de cent vingt-sept ans.

Se voyant lui-même avancé en âge, il voulut avant sa mort marier son fils Isaac.

Les filles du pays de Chanaan étant toutes idolâtres, Abraham envoya son serviteur Eliézer en Mésopotamie chercher une épouse digne de son fils.

Eliézer partit avec des chameaux chargés de présents. Arrivé près de la ville de Haran où demeurait la famille de Nachor, frère d'Abraham, il s'arrêta près d'une fontaine.

C'était l'heure où les jeunes filles venaient puiser de l'eau. Eliézer pria le Seigneur de lui faire reconnaître parmi elles l'épouse qu'il destinait à son maître.

Sa prière fut exaucée : Rébecca, fille de Bathuel, et petite-fille de Nachor, frère d'Abraham, descendit à la fontaine pour y remplir son vase.

Eliézer, charmé de sa beauté et de sa modestie, lui demanda à boire. Non-seulement elle s'empressa de lui présenter de l'eau, mais elle voulut en puiser pour ses chameaux.

Le fidèle serviteur reconnut à ce signe le choix divin. Il obtint la jeune fille de ses parents et la ramena à son maître qui la donna pour épouse à Isaac.

### 9. — Naissance d'Esaü et de Jacob
### (1970 avant J.-C.)

Dieu bénit le mariage d'Isaac et lui donna deux fils jumeaux ; le premier né reçut le nom d'Esaü et le second celui de Jacob. C'est ce dernier qui devait être l'héritier des promesses divines.

Quinze ans après la naissance de ces enfants, Abraham mourut comblé de bénédictions et de jours, à l'âge de cent soixante-quinze ans.

Ismaël vint s'unir à Isaac pour rendre ensemble les derniers devoirs à leur père. Ils l'ensevelirent près de Sara.

Après la mort d'Abraham, Dieu apparut à Isaac et lui renouvela toutes les promesses faites à son père. « Je serai avec vous, lui dit le Seigneur, et je vous bénirai. Je multiplierai votre race et toutes les nations de la terre seront bénies en Celui qui sortira de vous. »

C'était la troisième promesse du Messie.

### 10. — Esaü vend son droit d'aînesse.

Lorsque les fils d'Isaac furent devenus grands, Esaü s'adonna à l'agriculture et devint un grand chasseur. Jacob préféra la vie pastorale.

Un jour qu'Esaü revenait de la chasse, épuisé de fatigue, il pria Jacob de lui céder un plat de lentilles que celui-ci avait préparé. Jacob y consentit à la condition que son frère lui céderait à son tour son droit d'aînesse.

Esaü perdit avec ce droit tous les priviléges qui y étaient attachés, particulièrement l'alliance spirituelle avec Dieu et l'espoir de donner naissance au Sauveur promis.

Dieu permit encore que Jacob surprit, avec l'aide de sa mère, qui l'aimait d'une tendresse de préférence, la bénédiction suprême de son père Isaac.

Esaü furieux jura de se venger, et Jacob, pour échapper à sa colère, s'en alla en Mésopotamie, chez Laban, son oncle, frère de Rébecca.

### 11. — Echelle mystérieuse.

Tandis que Jacob se dirigeait vers la Mésopotamie, étant arrivé vers le soir dans un lieu appelé Luza, il s'y arrêta pour se reposer.

Pendant son sommeil, il vit une échelle immense qui allait de la terre au ciel. Les anges en montaient et en descendaient les degrés pour porter à Dieu les prières des hommes et leur rapporter ses dons.

Le Seigneur lui-même était au haut de l'échelle mystérieuse que suivaient les anges et il dit à Jacob :

« Je suis le Dieu d'Abraham et d'Isaac. Je donnerai à vos descendants la terre sur laquelle vous dormez, et toutes les nations seront bénies en vous et en Celui qui naîtra de vous. »

C'était la quatrième promesse du Messie.

A son réveil, Jacob saisi d'une crainte religieuse. s'écria : « Que ce lieu est terrible ! C'est véritablement la maison de Dieu et la porte du ciel. »

Puis se levant, il consacra au Seigneur la pierre sur laquelle il avait reposé sa tête.

### 12 - Jacob chez Laban.

Plein d'espoir, Jacob continua son voyage et arriva bientôt chez Laban, son oncle. Celui-ci l'accueillit avec bonté et lui confia la garde de ses troupeaux.

Jacob servit son oncle avec zèle pendant quatorze ans, et épousa successivement ses deux filles, Lia et Rachel.

Au bout de ce temps, il songea à retourner au pays de ses pères, mais Laban, qui avait vu ses troupeaux prospérer entre les mains de son neveu, le supplia de demeurer encore avec lui, s'engageant à le récompenser de ses services.

Dieu bénit le travail de Jacob qui acquit ainsi de grandes richesses. Sa prospérité excita l'envie de Laban ; il essaya de traverser ses succès et changea plusieurs fois les conditions du traité qu'ils avaient fait ensemble.

Alors Jacob désira plus vivement que jamais retourner en Chanaan ; et Dieu lui-même lui ayant ordonné de partir, il quitta secrètement la Mésopotamie, emmenant avec lui sa famille et toutes ses richesses.

## 13. — Retour de Jacob au pays de Chanaan.

En arrivant près du Jourdain, Jacob apprit que son frère Esaü s'avançait à sa rencontre, à la tête de quatre cents hommes armés.

Jacob effrayé pria le Seigneur qui ranima son courage par une apparition céleste : Un ange se présenta à lui sous une forme humaine, et l'attaquant à l'improviste, essaya de le terrasser. Mais dans cette lutte mystérieuse, l'avantage demeura à Jacob.

Avant de se retirer, l'ange le bénit et lui donna le nom d'Israël, ce qui signifie *fort contre Dieu*. De là, ses descendants furent nommés Israélites.

Jacob, ainsi fortifié par Dieu même, s'avança plein de confiance au-devant de son frère qui, touché au fond du cœur, le reçut à bras ouverts, et lui jura une éternelle amitié.

Quelques années après, Jacob eut la douleur de perdre Rachel, son épouse bien-aimée ; et un peu plus tard son père Isaac, alors âgé de cent quatre-vingts ans.

Les deux frères se réunirent pour rendre les derniers devoirs à leur père. Puis Esaü retourna dans le pays de Séir, en Arabie. Il fut le père des Iduméens, et son petit fils Amalec, celui des Amalécites.

### 14.— Les fils de Jacob.

Jacob eut douze fils qui donnèrent leurs noms à chacune des douze tribus du peuple de Dieu.

C'étaient Ruben, Siméon, Lévi, dont les descendants furent consacrés au service du Seigneur; Juda, d'où sortit avec la race royale, le Sauveur du monde; Issachar, Zabulon, Dan, Nephtali, Gad, Aser, Joseph et Benjamin. Ces deux derniers étaient fils de Rachel.

Jacob avait une affection particulière pour Joseph, le plus sage et le plus aimable de tous ses enfants. Cette prédilection excita la haine jalouse de ses autres fils.

Joseph augmenta encore cette aversion en révélant à ses frères deux songes mystérieux qu'il avait eus, et qui présageaient sa future grandeur.

### 15. — Joseph vendu par ses frères (avant J.-C. 1862).

Un jour que les fils de Jacob gardaient leurs troupeaux dans une plaine éloignée, Joseph fut envoyé auprès d'eux par son père pour savoir de leurs nouvelles.

Dès qu'ils l'aperçurent, ils se dirent entre eux: « Voici notre songeur, tuons-le et nous dirons qu'une bête féroce l'a dévoré : »

Ruben, qui voulait le sauver et le rendre secrètement à son père, leur persuada de le descendre au fond d'une vieille citerne sans eau, qui se trouvait près de là.

Sur le conseil de Juda, ils l'en retirèrent quelques instants après pour le vendre à des marchands ismaélites qui se rendaient en Egypte.

Quand la caravane se fut éloignée, les frères de Joseph prirent sa robe, la trempèrent dans le sang d'un chevreau et l'envoyèrent à leur père qui, en la reconnaissant, s'écria: « Une bête féroce a dévoré mon fils! Joseph est mort! »

Et déchirant ses vêtements, il se couvrit d'un cilice et pleura longtemps sans vouloir écouter aucune consolation.

### 16. — Joseph chez Putiphar.

Les marchands ismaélites qui avaient acheté Joseph, l'emmenèrent en Egypte et le vendirent à Putiphar, capitaine des gardes du Pharaon, roi de cette contrée. Le jeune Israélite avait alors seize ans.

L'intelligence, la douceur et la fidélité de Joseph lui gagnèrent bientôt toute la confiance de son maître, qui le fit intendant de sa maison.

Mais la femme de Putiphar essaya de détourner Joseph de ses devoirs ; et, ne pouvant y réussir, elle s'en vengea en le calomniant auprès de son mari ; celui-ci, trop crédule, fit jeter en prison l'innocent Israélite.

### 17. — Joseph dans la prison.

Dieu, qui n'abandonne jamais ceux qui lui sont fidèles, soutint Joseph dans son épreuve. Il lui fit trouver grâce devant le gouverneur de la prison, qui lui confia la surveillance de tous les autres prisonniers.

Parmi eux se trouvaient l'échanson et le panetier du Pharaon. Tous les deux, dans une même nuit, eurent un songe différent qu'ils racontèrent à Joseph.

Le panetier avait rêvé qu'il portait sur sa tête trois corbeilles remplies de gâteaux, que venaient manger les oiseaux du ciel.

L'échanson avait vu trois belles grappes de raisin, qu'il pressait dans la coupe du roi.

Joseph, inspiré de Dieu, répondit tristement au panetier que dans trois jours il serait mis à mort par ordre du Pharaon.

Il prédit au contraire à l'échanson que dans trois jours il reprendrait sa charge auprès du roi. « Veuillez alors, ajouta-t-il, vous souvenir de moi et demander au Pharaon ma délivrance. »

La double prédiction s'accomplit ; mais l'ingrat échanson oublia la prière de Joseph.

## 18.— Songe de Pharaon.

Deux ans après, le Pharaon eut lui-même un songe mystérieux : il lui sembla voir sortir du Nil sept vaches grasses, suivies de sept vaches maigres qui les dévorèrent ; puis sept épis merveilleusement beaux qui furent dévorés par sept épis vides.

A son réveil, Pharaon troublé consulta inutilement tous les devins de l'Egypte. Alors l'échanson se souvint de Joseph et en parla au roi qui le fit venir en sa présence.

« Prince, dit le jeune Hébreu après avoir entendu le récit du Pharaon, ce ne sera pas moi, mais Dieu qui vous répondra par ma bouche :

« Les sept vaches grasses et les sept épis pleins présagent sept années d'une abondance extraordinaire ; les sept vaches maigres et les sept épis desséchés marquent sept années de stérilité, qui suivront les années fécondes et désoleront l'Egypte, si l'on ne prend de sages précautions pour prévenir la famine. »

En même temps Joseph conseilla au roi de confier à un homme habile l'administration générale des vivres.

## 19.— Elévation de Joseph (?849 avant J.-C.)

Pharaon pénétré d'admiration pour la profonde sagesse de Joseph, et reconnaissant que l'esprit de Dieu était en lui, l'établit gouverneur de toute l'Egypte, où rien ne se fit plus que par son ordre.

La prédiction s'accomplit : Il y eut sept années d'une abondance extraordinaire, pendant lesquelles Joseph fit mettre en réserve tout le blé superflu et la cinquième partie des fruits de la terre. Puis les années de disette vinrent à leur tour ; mais grâce à la prévoyance de Joseph, l'Egypte n'eut point à en souffrir.

### 20. — Les fils de Jacob en Egypte.

La famine s'étendit dans toutes les contrées environnantes : le pays de Chanaan ne fut point épargné.

Jacob ayant appris qu'on vendait du blé en Egypte, y envoya ses fils, à l'exception du jeune Benjamin qu'il retint auprès de lui.

Arrivés en Egypte, ils furent conduits à Joseph qui les reconnut aussitôt. Mais n'apercevant point Benjamin, il craignit qu'il ne lui fût arrivé malheur ; et, dominant son émotion, il leur fit un accueil sévère et feignit de les prendre pour des espions.

« Seigneur, lui répondirent-ils sans le reconnaître, nous ne sommes venus ici que pour acheter du blé ; nous étions douze frères ; le plus jeune est resté en Chanaan, auprès de notre père, et l'autre n'est plus.

Joseph parut douter de la vérité de leur récit et les fit mettre en prison. Trois jours après, il les fit amener en sa présence et leur dit :

« Je crains Dieu, et ne veux point commettre

2*

d'injustice; si vous désirez que j'aie foi en vos paroles, que l'un de vous reste en otage, tandis que les autres iront chercher votre jeune frère. »

Troublés par cette sévérité, les frères de Joseph se disaient entre eux : « Dieu nous punit d'avoir péché autrefois contre notre frère; nous n'avons eu pitié ni de sa jeunesse, ni de l'angoisse de son âme: nous méritons l'épreuve qui nous arrive. »

Joseph, qui les entendait, se détourna pour cacher ses larmes; mais reprenant bientôt sa fermeté, il retint Siméon captif et permit aux autres de partir.

Avant qu'ils se missent en route, il ordonna de remplir leurs sacs de blé, d'y remettre secrètement l'argent qu'ils avaient apporté, et des vivres pour leur voyage.

Jacob, en apprenant ce qui s'était passé, se livra à une vive douleur : « Joseph n'est plus, leur dit-il. Siméon est captif, et vous voulez encore m'enlever Benjamin: non, je ne le laisserai point partir. »

## 24.— Second voyage des fils de Jacob.

Cependant la famine augmentait toujours, et le blé rapporté d'Egypte était presque épuisé. Jacob consentit enfin au départ de Benjamin, que Juda s'engagea à lui ramener sain et sauf.

Joseph, instruit du retour de ses frères, leur fit préparer un splendide festin. Lorsqu'ils furent introduits devant lui, il les accueillit avec bonté et s'empressa de leur demander des nouvelles de leur père.

Puis apercevant Benjamin, il leur dit : « Est-ce là votre plus jeune frère? Dieu te bénisse, mon fils! » ajouta-t-il.

Et il se hâta de sortir, car son cœur s'était ému à la vue de son frère bien aimé, et il avait peine à retenir ses larmes.

En rentrant, il se mit à table avec ses frères, qui furent bien surpris de se voir placés par rang d'âge.

Avant leur départ, voulant éprouver leur tendresse pour Benjamin, il ordonna à son intendant de remplir leurs sacs de blé, d'y remettre leur argent comme la première fois, et de cacher sa coupe d'or dans celui de Benjamin.

Ils étaient à peine sortis de la ville, que l'intendant les arrêta, réclamant la coupe de son maître. Les sacs étant visités, elle se trouva dans celui de Benjamin.

A cette vue, les fils de Jacob, remplis d'effroi et de douleur, déchirèrent leurs vêtements et reprirent le chemin de la ville.

## 22.— Joseph se fait reconnaître à ses frères.

Ramenés auprès de Joseph, ils s'offrirent à demeurer ses esclaves; mais il leur déclara qu'ils pouvaient partir en liberté, à l'exception de Benjamin qui resterait captif.

Alors Juda, se jetant aux pieds de Joseph, lui

dit avec larmes : « Seigneur, j'ai répondu de Benjamin; la vie de notre père est attachée à celle de cet enfant. Souffrez donc que je demeure votre esclave à sa place. »

À ces mots, Joseph ne pouvant plus se contenir, fit sortir tout le monde et s'écria d'une voix entrecoupée de sanglots : « Je suis Joseph, votre frère; mon père vit-il encore? »

Et comme ils restaient muets de terreur, il ajouta avec bonté : « Ne craignez rien; c'est pour votre salut que Dieu m'a envoyé en Egypte. Allez retrouver mon père, et hâtez-vous de me l'amener. »

Alors, il les embrassa tous avec la plus vive tendresse en versant des larmes de joie, et ils se sentirent rassurés et heureux.

La nouvelle que Joseph avait retrouvé ses frères se répandit promptement; le roi s'en réjouit avec toute sa cour et combla de présents les fils de Jacob.

### 23 — Jacob en Egypte (avant J.-C. 1840).

Le saint patriarche, en apprenant que son fils bien-aimé était vivant, et qu'il commandait à toute l'Egypte, s'écria : « Je n'ai plus rien à désirer sur cette terre puisque mon fils vit encore; j'irai et le verrai avant de mourir. »

Il partit donc pour l'Egypte avec tous les siens, au nombre de soixante-dix personnes. Il avait alors cent trente ans.

Joseph, averti de son approche, vint à sa rencontre et se jeta dans ses bras en pleurant : « Je puis mourir en paix, lui dit Jacob, puisque j'ai vu votre visage et que je vous laisse après moi. »

Pharaon donna à Jacob et à sa famille la terre de Gessen, la plus fertile en pâturages de toute l'Egypte. Le patriarche y vécut encore dix-sept ans.

### 24.— Mort de Jacob. Cinquième promesse du Messie.

Lorsque Jacob sentit approcher sa fin, il fit appeler Joseph, qui accourut auprès de son vieux père avec ses deux fils, Ephraïm et Manassé. Le vieillard bénit ces deux enfants et les adopta.

Puis faisant approcher ses fils, il prédit à chacun d'eux les destinées futures de leur race.

Quand il en vint à Juda, son quatrième fils, de qui le Messie devait naître :

« Juda, lui dit-il, vos frères vous loueront; et « l'autorité ne sortira point de votre famille, jus- « qu'à ce que vienne Celui qui doit être envoyé et « qui sera l'attente des nations. »

Lorsque Jacob eut cessé de parler, il mourut paisiblement dans le Seigneur. Joseph, voyant que son père n'était plus, se précipita sur lui et l'embrassa en pleurant.

Les fils de Jacob transportèrent son corps en Chanaan, et le déposèrent dans le tombeau où reposaient déjà Abraham et Isaac.

## 25. — Mort de Joseph.

De retour en Egypte, Joseph traita ses frères avec la même bonté. Il vécut encore cinquante-quatre ans, aimé et honoré dans tout le royaume.

A l'âge de cent dix ans, sentant sa fin approcher, il dit à ses frères : « Après ma mort, Dieu vous visitera et vous conduira dans le pays qu'il a promis à nos pères. Transportez alors mes ossements avec vous hors de ce lieu. »

Ils le lui promirent avec serment; et il mourut plein de foi et de confiance en Dieu.

Joseph est une des plus parfaites figures du Messie; il est aussi un modèle pour la jeunesse, par sa piété, sa douceur, sa patience, son oubli des offenses et son amour filial.

## 26. — Histoire de Job.

Vers le temps de la mort de Joseph, vivait dans l'Idumée un descendant d'Esaü, nommé Job.

C'était un homme simple et droit, craignant Dieu, et fuyant le mal.

Il possédait d'immenses richesses; et son nom était illustre dans tout l'Orient.

Sept fils et trois filles composaient sa famille, qui vivait dans une parfaite union.

Le démon, jaloux du bonheur de Job, obtint de Dieu la permission d'éprouver sa vertu.

Le saint patriarche perd successivement toutes ses richesses et les sept enfants qu'il chérissait.

A la nouvelle de tous ces malheurs, il ne fait entendre qu'une seule parole : « Dieu m'avait tout donné; il m'a tout ôté, que son saint nom soit béni! »

Alors le démon irrité de la patience de Job, demande à Dieu la permission de le frapper dans sa personne. Dieu y consent encore.

Aussitôt Job est couvert d'un ulcère effroyable; et, au lieu de recevoir quelque consolation, il est raillé par sa femme, insulté par ses amis.

Mais rien n'altère sa résignation et sa confiance en Dieu, qui, touché de tant de vertu, guérit ses maux, lui rend le double de ce qu'il a perdu, lui accorde d'autres enfants et une vie longue et heureuse.

## 27.— Oppression des Israélites en Egypte.

Après la mort de Joseph, les descendants de Jacob continuèrent d'habiter la terre de Gessen, et devinrent, selon la promesse du Seigneur, un peuple nombreux.

Les Egyptiens s'inquiétèrent de leur accroissement, et le pharaon Aménophis, oubliant les immenses services rendus à son pays par Joseph, les persécuta cruellement.

Ils furent soumis aux plus rudes travaux, sans qu'on leur accordât un instant de relâche. Ils bâtirent plusieurs forteresses, trois villes, et commencèrent à élever les fameuses pyramides destinées à la sépulture des Pharaons.

Ces rigueurs restant impuissantes à détruire un

peuple que Dieu protégeait, Aménophis donna l'ordre de jeter dans le Nil tous les enfants mâles des Hébreux.

### 28. — Moïse sauvé des eaux (1795 avant J.-C.).

C'est alors que Dieu fit naître le libérateur, Moïse, fils d'Aram et de Jocabed, de la tribu de Lévi.

Après l'avoir caché trois mois, sa mère l'exposa sur le Nil, dans une corbeille de joncs, soigneusement enduite de bitume.

En ce moment même, la fille du roi vint sur le bord du fleuve pour se baigner.

Elle aperçut la corbeille au milieu des roseaux, se la fit apporter, et vivement émue par les pleurs et la beauté de l'enfant, elle le prit sous sa protection et le fit élever comme son fils.

En souvenir de son heureuse délivrance, elle l'appela Moïse, c'est-à-dire sauvé des eaux.

### 29. — Fuite de Moïse au pays de Madian.

Élevé dans le palais du Pharaon, Moïse fut instruit dans toutes les sciences des Égyptiens et parvint à un haut degré de sagesse.

Mais les faveurs du roi ne lui firent point oublier les souffrances de ses frères; et il quitta la cour, aimant mieux être affligé avec le peuple de Dieu, qu'heureux avec ses persécuteurs.

Un jour, ayant vu un Égyptien qui maltraitait

un Hébreu, il ne put contenir son indignation et le tua.

Redoutant la vengeance du Pharaon, il s'enfuit au loin dans le désert de Madian. Là il s'attacha au service de Jéthro, prêtre du pays, qui lui donna en mariage une de ses filles, nommée Séphora.

### 30.— Vocation de Moïse.

Un jour que Moïse gardait les troupeaux de son beau-père, au pied du mont Horeb, Dieu lui apparut dans un buisson ardent qui brûlait sans se consumer.

« Je suis, lui dit le Seigneur, le Dieu d'Abraham, d'Isaac et de Jacob ; j'ai vu l'affliction de mon peuple, et j'ai résolu de le délivrer. Allez donc trouver Pharaon, et faites sortir d'Egypte les enfants d'Israël. »

Moïse, convaincu par plusieurs miracles de la vérité de sa mission, se soumit à la volonté du Seigneur. Il se rendit en Egypte, accompagné de son frère Aaron, que Dieu lui adjoignit pour l'assister.

Tous deux se présentèrent devant Pharaon, et lui demandèrent au nom du Seigneur de laisser partir les Israélites.

Mais Pharaon ne voulant point se priver de sujets actifs et industrieux dont il avait fait ses esclaves, repoussa la demande qui lui était adressée.

## 31.— Les dix plaies d'Egypte (1625 avant J.-C.).

Alors Moïse, par l'ordre de Dieu, frappa le royaume de dix fléaux qu'on appelle les dix plaies d'Egypte.

1° Les eaux furent changées en sang ;

2° Des grenouilles remplirent toute l'Egypte ;

3° Des moucherons importunèrent les hommes et les animaux de leurs piqûres ;

4° Des nuées d'insectes dévorèrent toutes les récoltes ;

5° Une peste affreuse fit périr tous les animaux ;

6° Des ulcères couvrirent les hommes et les animaux ;

7° Une grêle terrible ravagea les champs ;

8° D'innombrables sauterelles dévorèrent tout ce que la grêle avait épargné ;

9° Des ténèbres épaisses couvrirent l'Egypte pendant trois jours.

Seule, la terre de Gessen fut exempte de toutes ces calamités.

10° Tous les premiers nés des Egyptiens furent frappés de mort par l'ange exterminateur.

## 32.— Célébration de la Pâque (avant J.-C. 1625.)

Mais avant de frapper l'Egypte de la dixième plaie, la plus terrible de toutes, Moïse l'annonça à Pharaon, qui persévéra dans son endurcissement.

Alors, par l'ordre de Dieu, les Israélites immolèrent, dans chaque famille, un agneau mâle, sans tache, et marquèrent de son sang les portes de leurs maisons.

Ils devaient manger cet agneau, debout, à la hâte, en habit de voyage, pour célébrer la Pâque ou le passage du Seigneur.

Les enfants d'Israël exécutèrent fidèlement les ordres de Dieu ; et, au milieu de la nuit, comme ils faisaient dans chaque famille le repas prescrit, l'ange exterminateur frappa de mort tous les premier nés des Egyptiens, n'épargnant que les maisons marquées du sang de l'Agneau pascal, figure de l'auguste victime.

Pharaon, vaincu par la douleur, pressa lui-même le départ des Israélites, pour lesquels le moment était venu de se constituer en corps de nation.

## 33.— Revue sommaire de la troisième Époque.

Deux grands faits signalent cette époque : la vocation d'Abraham et l'établissement des Hébreux en Egypte.

Nous y remarquons la conservation de la foi primitive dans la famille d'Abraham : les mœurs simples et pures des patriarches: les premières connaissances recueillies en Egypte par les Hébreux sur les arts, les sciences. l'industrie et le commerce: et enfin l'oubli des préceptes divins chez la plupart des hommes.

# QUESTIONNAIRE.

1. De quelle famille était Abraham ? — Où habitait-il ? — Quelles promesses lui fit le Seigneur ? — Où l'envoya-t-il ? — Comment appelle-t-on ce grand événement ? — Nommez le père, la femme, le neveu d'Abraham.

2. Dites la cause de la séparation de Loth et d'Abraham. — La résidence de chacun d'eux.

3. Parlez de la captivité de Loth, de sa délivrance. — De Melchisédech.

4. Quelle promesse fut faite à Abraham par les anges ? — Que signifie le nom d'Isaac ?

5. Pourquoi et comment Sodome et Gomorrhe furent-elles détruites ? — Que devint Loth ? — Sa femme ?

6. Qui exigea le renvoi d'Agar et d'Ismaël ? — Où allèrent-ils ? — Qui les protégea ? — Que devint Ismaël ?

7. A quelle épreuve Dieu mit-il la foi d'Abraham ? — Ce sacrifice fut-il accompli ?

8. Dites les circonstances du mariage d'Isaac.

9. Parlez de la naissance d'Esaü et de Jacob. — De la mort d'Abraham. — De la troisième promesse du Messie.

10. Dites les causes du ressentiment d'Esaü contre son frère. — Les priviléges attachés au droit d'aînesse.

11. Racontez le départ de Jacob, la vision de l'échelle mystérieuse. — Dites la quatrième promesse du Messie.

12. Comment Jacob fut-il accueilli par Laban ? — A quoi s'occupa-t-il chez son oncle ? — Son travail fut-il béni ? — Qui épousa-t-il ?

13. Dites la cause et les circonstances du retour de Jacob au pays de Chanaan, sa lutte avec l'ange, sa réconciliation avec Esaü. — Que devint celui-ci ?

14. Nommez les fils de Jacob. — Celui qu'il préférait. — Dites la cause et le résultat de cette préférence.

15. Dans quelles circonstances les frères de Joseph cherchèrent-ils à se défaire de lui? — Qui s'opposa à leur mauvais dessein? — A qui le vendirent-ils? — Que dirent-ils à leur père?

16. Quels furent la conduite et le sort de Joseph chez Putiphar?

17. Que devint Joseph dans la prison? — Nommez ses compagnons de captivité. — Dites leurs songes et l'explication qui en fut donnée.

18. Racontez le songe de Pharaon, l'interprétation de ce songe par Joseph.

19. Comment Pharaon récompensa-t-il Joseph? — Quelles mesures de prévoyance prit celui-ci?

20. Pourquoi Jacob envoya-t-il ses fils en Egypte? — Comment furent-ils accueillis? — Quelle condition Joseph mit-il à leur liberté?

21. Dites les circonstances du second voyage des fils de Jacob en Egypte, — l'émotion de Joseph en revoyant Benjamin, — la dernière épreuve qu'il imposa à ses frères.

22. Comment Joseph se fit-il reconnaître? — Que dit-il à ses frères pour les rassurer?

23. Que dit Jacob en apprenant l'élévation de Joseph? — Racontez son entrevue avec son fils bien aimé. — Quelle terre Pharaon donna-t-il à Jacob et à sa famille?

24. Quelles prophéties fit Jacob à son lit de mort? — Que promit-il à Juda?

25. Dites les circonstances de la mort de Joseph, résumez ses principales vertus.

26. Racontez l'histoire de Job.

27. Que devinrent les Israélites après la mort de Joseph? — A quels travaux furent-ils soumis? — Quel fut l'arrêt barbare du Pharaon?

28. Qui Dieu choisit-il pour être le libérateur de son

peuple ? — Par qui Moïse fut-il sauvé des eaux ? — Où fut-il élevé ?

29. Pourquoi Moïse quitta-t-il la cour ? — Où s'enfuit-il ?

30. Où Dieu apparut-il à Moïse ? — Quel ordre lui donna-t-il ?

31. Nommez les dix plaies d'Egypte.

32. Parlez de la célébration de la Pâque et du passage de l'ange exterminateur.

33. Dites les grands faits de la troisième époque, les observations qu'elle suggère.

# QUATRIÈME ÉPOQUE.

## De la Promulgation de la Loi à l'entrée dans la Terre promise.

Durée : Quarante ans.

### 1.— Sortie d'Egypte (avant J.-C. 1625).

Les Israélites, à leur arrivée en Egypte, n'étaient qu'une famille; à leur sortie, ils formaient un peuple de six cent mille hommes en état de porter les armes.

Ils quittèrent Ramsès, ville de la terre de Gessen, sous la conduite de Moïse et d'Aaron, emportant avec eux les ossements de Joseph, pour les réunir à ceux de ses pères.

Guidés pendant le jour par une nuée, pendant la nuit par une colonne de feu, ils suivirent le chemin du désert, et arrivèrent bientôt sur les bords de la mer Rouge.

C'est là qu'ils furent atteints par le roi d'Egypte, qui, furieux de leur départ, s'était mis à leur poursuite avec son armée.

### 2.— Passage de la mer Rouge (avant J.-C. 1625).

Les Israélites, pris entre les Egyptiens et la mer, furent saisis d'effroi et éclatèrent en reproches contre Moïse.

Mais celui-ci, par l'ordre de Dieu, étendit sa main sur les eaux qui se divisèrent et formèrent, de chaque côté, comme de hautes murailles.

Les enfants d'Israël passèrent à pied sec dans ce chemin miraculeusement ouvert.

Les Egyptiens voulurent les suivre, mais les flots retombèrent sur eux, et Pharaon fut englouti avec son armée.

Alors Moïse et tout le peuple témoignèrent leur reconnaissance au Seigneur par un magnifique cantique d'actions de grâces.

### 3. — Entrée dans le Désert. Miracles divins.

Au sortie de la mer Rouge, les israélites entrèrent dans le désert de Sûr, où Dieu continua de les guider à travers les merveilles de sa puissance.

Dans cette immense solitude, ils ne tardèrent pas à souffrir de la faim et de la soif.

Dieu, pour les nourrir, fit tomber du ciel, chaque matin, une rosée blanche qui avait le goût du pain de la plus pure farine, pétrie avec de l'huile et du miel. Cette nourriture céleste fut appelée Manne.

Pour les désaltérer, il fit jaillir une eau fraîche et abondante des rochers les plus arides.

Toujours par le secours divin, les enfants d'Israël remportèrent une miraculeuse victoire sur les Amalécites qui leur barraient le passage, et parvinrent heureusement au pied du Sinaï.

## 4.— Promulgation de la Loi (an du monde 2513; avant J.-C. 1625).

Ce fut cinquante jours après la sortie d'Egypte que les Israélites arrivèrent dans la vallée du Sinaï.

Ils dressèrent leurs tentes au pied de la montagne, et Moïse la gravit pour prier le Seigneur, qui lui ordonna de préparer le peuple à recevoir ses commandements.

Au troisième jour, fixé par Dieu, une nuée épaisse couvrit le Sinaï, le bruit de la foudre se mêla au son des trompettes éclatantes, des éclairs fendirent la nue, et la montagne parut tout en feu.

Le peuple, saisi d'effroi, se jeta la face contre terre. Moïse seul monta vers le Seigneur qui, au milieu de cet appareil terrible, publia sa loi sainte.

« Je suis le Seigneur, votre Dieu, qui vous ai tirés de la servitude d'Egypte. »

1° Vous n'aurez point d'autre Dieu que moi;

2° Vous ne prononcerez mon nom qu'avec respect;

3° Souvenez-vous de sanctifier le repos du septième jour;

4° Honorez votre père et votre mère afin que vous ayez une vie longue et heureuse;

5° Vous ne tuerez point;

6° Vous resterez purs et saints;

7° Vous ne deroberez point ;

8° Vous ne ferez pas de mensonges ;

9° Vous ne conserverez dans vos cœurs aucune mauvaise pensée, aucun mauvais désir;

10° Vous n'envierez point ce qui appartient au prochain.

Ces admirables commandements résument tous nos devoirs envers Dieu, envers le prochain, envers nous-mêmes.

### 5. — Sixième promesse du Messie. — Serment du peuple.

Cependant les Israélites, glacés d'épouvante, dirent à Moïse, revenu au milieu d'eux : « Parlez-nous vous-même et nous vous écouterons ; mais que le Seigneur ne nous parle point, de peur que nous ne mourions. »

Moïse les rassura et remonta dans la nuée où la Majesté divine se rendait sensible :

« J'ai entendu, dit le Seigneur à Moïse, la prière des enfants d'Israël : Ils ont demandé un média-teur. Eh bien, je susciterai du milieu de leurs frè-res un prophète semblable à vous, qui leur redira mes commandements. »

C'était la sixième promesse du Messie.

Moïse transmit au peuple les ordres divins, et lui fit promettre de les accomplir fidèlement. Tous s'y engagèrent par un serment solennel.

### 6.— Le Veau d'or.

Moïse gravit de nouveau le Sinaï, où il demeura seul avec Dieu pendant quarante jours et quarante nuits sans prendre aucune nourriture.

Pendant ce temps, le Seigneur lui donna d'ineffables instructions sur tout ce qui concernait son culte et l'organisation de son peuple choisi. Puis il lui remit deux tables de pierre sur lesquelles la loi était écrite de son doigt divin.

Cependant les Israélites, ne voyant pas revenir Moïse, crurent qu'il les avait abandonnés ; et oubliant toutes les promesses faites à Dieu, ils éclatèrent en murmures et contraignirent Aaron de leur fabriquer un veau d'or qu'ils adorèrent.

Lorsque Moïse descendit de la montagne, tenant entre ses mains les tables de la loi, il vit le veau d'or et les Israélites qui dansaient autour, en poussant des cris de joie.

Transporté d'indignation, il brisa les tables de la loi, brûla l'idole, et fit périr vingt-trois mille de ses coupables adorateurs.

Le peuple se repentit ; et le Seigneur apaisé renouvela son alliance avec lui et ordonna à Moïse de préparer deux autres tables, sur lesquelles la loi fut de nouveau gravée.

### 7.— Objets destinés au culte divin.

Moïse confia à d'habiles ouvriers désignés par le Seigneur lui-même, le soin de travailler tous les objets destinés au culte divin.

Ces objets étaient au nombre de sept : le tabernacle, l'arche d'alliance, le chandelier d'or, la table des pains de proposition, l'autel des parfums, l'autel des holocaustes, le vase d'airain.

Lorsque le tabernacle fut dressé, Moïse le consacra avec de l'huile sainte, et aussitôt la nuée qui servait de guide et de lumière aux Hébreux le couvrit, et la gloire du Seigneur le remplit sensiblement.

## 4. — Consécration des Prêtres. — Fêtes principales.

Moïse, sur l'ordre de Dieu, régla les fonctions des prêtres, les sacrifices, les fêtes et toutes les cérémonies de la religion.

Le souverain sacerdoce fut conféré à Aaron, frère de Moïse, et devint héréditaire dans sa famille.

La tribu de Lévi fut consacrée tout entière au service du culte.

Outre le Sabbat, ou septième jour de la semaine, régulièrement consacré au Seigneur, Moïse institua un certain nombre de fêtes dont les principales étaient : la Pâque, la Pentecôte et la fête des Tabernacles.

La Pâque se célébrait en mémoire de la sortie miraculeuse de l'Égypte ; la Pentecôte, en souvenir du jour où la loi avait été donnée ; la fête des Tabernacles arrivait après les moissons. Elle durait sept jours, pendant lesquels les Israélites habi-

taient sous des berceaux de feuillage, en mémoire
du séjour de leurs pères dans le désert.

### 9. — Punition des violateurs de la Loi.

Dieu, pour maintenir son peuple dans un profond
respect de sa loi, frappa de punitions exemplaires
ceux qui osaient s'en montrer les violateurs.

Ainsi Nadab et Abiu, fils aînés d'Aaron, furent
dévorés par un tourbillon de flammes pour s'être
servis d'un feu étranger dans leurs encensoirs.

Un Israélite qui avait ramassé du bois le jour
du Sabbat, un autre qui avait blasphémé le nom
de Dieu, furent lapidés.

Marie, sœur de Moïse, fut couverte pendant sept
jours d'une lèpre dévorante, pour avoir murmuré
contre son frère.

Coré, Dathan et Abiron, ayant voulu usurper
le sacerdoce, furent engloutis vivants au sein de la
terre, qui s'entr'ouvrit sous leurs pas.

### 10. — Les douze Espions. — Sédition générale. — Arrêt divin.

Les Israélites, après avoir passé plus d'une année dans le désert de Sinaï, poursuivirent leur
marche et arrivèrent près des frontières du pays de
Chanaan.

Alors Moïse envoya un homme de chaque tribu
pour reconnaître le pays.

Les douze émissaires, parmi lesquels se trouvaient Caleb et Josué, revinrent au bout de quarante jours, rapportant de la terre promise des fruits d'une merveilleuse beauté.

Mais leurs récits alarmants sur la force des nations belliqueuses qui habitaient ce pays inspirèrent le découragement et le désespoir.

Les Israélites se révoltèrent contre Moïse et Aaron et refusèrent d'aller plus loin. En vain Caleb et Josué essayèrent de les apaiser: ils ne voulurent rien entendre.

Alors le Seigneur irrité parut dans la nuée sur le tabernacle, les condamna à errer pendant quarante ans dans le désert, et jura, qu'à l'exception de Caleb et Josué, demeurés fidèles, aucun de ceux qui avaient plus de vingt ans au sortir de l'Egypte, n'entrerait dans la terre promise.

## 11.— Les quarante années dans le Désert.

Les Israélites continuèrent donc dans le désert leurs marches et leurs contre-marches, sous la conduite de Moïse qui, luttant contre leur opiniâtreté, les ramenait toujours dans le même corde, et contenait leurs révoltes, tantôt par des miracles, tantôt par de terribles châtiments.

Ils firent quarante-deux stations dans le désert. Les lieux les plus remarquables où ils s'arrêtèrent furent:

Cadès, où le manque d'eau excita de nouveaux murmures parmi le peuple. Moïse et Aaron prièrent le Seigneur qui leur ordonna de frapper le rocher pour en faire jaillir une source: Moïse obéit, mais il eut un instant de défiance et frappa deux fois le rocher, comme s'il eût douté de la puissance divine. Dieu punit sévèrement l'infidélité de ses serviteurs, et il dit à Moïse et à Aaron, qui avait partagé l'hésitation de son frère : « Parce que vous avez douté de ma parole, vous n'introduirez point mon peuple dans la terre promise;

La montagne de Hor, où mourut Aaron;

Horma, où les Israélites en punition de leurs murmures renouvelés, furent exposés à des serpents venimeux dont la morsure donnait la mort. Un serpent d'airain, figure de la croix, fut dressé dans le camp, et sa vue seule guérit les blessés;

Sétim, dernière station des Israélites, où le faux prophète Balaam, appelé par le roi de Moab pour les maudire, ne put prononcer que des bénédictions.

### 12. — Mort de Moïse (1585 avant J.-C.).

Cependant Moïse avait atteint l'âge de cent-vingt ans; de toute la génération destinée au tombeau du désert, Caleb et Josué seuls, existaient encore. Le temps de l'épreuve touchait donc à sa fin.

Le saint législateur, qu'un instant de défiance avait exclu de l'entrée dans la terre promise, réunit autour de lui tous les Israélites, et leur parlant avec la tendresse d'un père, il leur rappela les bienfaits de Dieu et les conjura de demeurer à jamais fidèles à sa loi sainte.

Puis, ayant béni chacune des douze tribus d'Israël, il gravit le mont Nébo qui s'élève en face de la terre de Chanaan.

Du sommet de cette montagne, il découvrit toute la terre promise, et salua avec amour cette magnifique contrée, terme béni du pèlerinage de son peuple. Puis il mourut doucement dans le Seigneur qui lui-même ensevelit son serviteur fidèle.

Les Israélites pleurèrent Moïse pendant trente jours, et après cet homme illustre, il ne s'éleva plus du milieu du peuple de prophète qui lui fût semblable.

## 13. — Revue sommaire de la quatrième Époque.

Trois grands événements marquent cette période : La Sortie d'Egypte, la Promulgation de la loi, le séjour des Israélites dans le désert pendant quarante ans.

Nous y remarquons surtout l'admirable sagesse du code mosaïque qui peut se diviser en *lois religieuses*, en *lois politiques* et en *lois civiles*.

Le culte d'un Dieu suprême tient le premier rang parmi les devoirs imposés aux Israélites. L'idolâtrie est le plus grand des crimes.

Les sacrifices, partie essentielle du culte, se divisent en *sacrifices sanglants*, où la victime est immolée; et en *sacrifices non sanglants*, qui s'accomplissent sans effusion de sang.

Le code mosaïque prescrit le respect au vieillard,

la protection à la femme et à l'enfant, l'humanité pour l'esclave et pour le prisonnier, la charité envers le pauvre, l'hospitalité à l'égard de l'étranger.

Le gouvernement des Hébreux est théocratique, c'est-à-dire que Dieu est le chef suprême de la nation, quels que soient les dépositaires de son autorité.

Les mœurs des Israélites sont simples et laborieuses. Ils réservent toute leur pompe et tout leur luxe pour les cérémonies de la religion.

Le Pentateuque, ou les cinq livres écrits par Moïse, sont le premier monument de la littérature hébraïque. Ils renferment, outre la loi et les divines instructions données à Moïse, l'histoire sainte depuis la création du monde jusqu'à l'entrée dans la terre de Chanaan.

## QUESTIONNAIRE.

1. Dites le nombre des Israélites à leur sortie d'Egypte ? — Les merveilles opérées en leur faveur ?

2. Par quel miracle Dieu sauva-t-il son peuple poursuivi par Pharaon ?

3. Parlez de l'entrée dans le désert ? — De la manne ? De l'eau du rocher ?

4. Dans quel appareil Dieu donna-t-il sa loi ? — Nommez les dix commandements ?

5. Rapportez la sixième promesse du Messie ?

6. Quelle fut la première idolâtrie des Israélites ? — Leur punition ?

7. Nommez les objets destinés au culte divin ?

8. Quelle famille fut consacrée au sacerdoce ? — Quelle tribu au service du culte ? — Dites les principales fêtes des Israélites ?

9. Donnez des exemples de la juste sévérité du Seigneur envers les violateurs de sa loi ?

10. En punition de quelle faute les Israélites furent-ils condamnés à errer dans le désert pendant quarante années ?

11. Nommez les principales stations des Israélites dans le désert, avec le souvenir qui se rattache à chacune d'elles ?

12. Dites les circonstances de la mort de Moïse ?

13. Quels sont les grands événements de la quatrième époque ? — Parlez de la religion, du gouvernement, des lois, des mœurs, de la littérature des Hébreux ?

# CINQUIÈME ÉPOQUE.

## De l'Entrée dans la Terre promise à l'Etablissement de la Royauté.

Durée : Près de cinq siècles.

### 1. — Entrée dans la Terre promise (an du monde 2553, avant J.-C. 1585.

Après la mort de Moïse, Josué, désigné par Dieu pour son successeur, prit le commandement du peuple d'Israël : le moment était venu de prendre possession de la terre promise.

Au jour fixé, les Israélites se mirent en marche, précédés de l'arche d'alliance. Ils arrivèrent sur les bords du Jourdain qui, remontant vers sa source, leur ouvrit au milieu de ses flots un miraculeux passage.

Ils campèrent à Galgala et y célébrèrent la Pâque. Dès lors la manne cessa de tomber, et ils se nourrirent des fruits de la terre promise.

Arrivés devant Jéricho, que ses fortifications rendaient presque imprenable, les Israélites, sur l'ordre de Dieu, firent sept fois le tour de la ville en portant l'arche sainte. A la septième fois, les murailles tombèrent au son des trompettes, et Jéricho fut prise.

Toujours par le secours divin, Josué s'empara d'Haï et triompha successivement de tous les rois chananéens, ligués pour le combattre.

Dans l'une de ces batailles, livrées près de Gabaon, l'approche de la nuit faisant craindre à Josué de ne pouvoir compléter sa victoire, il ordonna au soleil de s'arrêter, et Dieu permit que le jour se prolongeât jusqu'à ce que les Israélites eussent entièrement défait leurs ennemis.

En moins de six années, trente et un rois furent vaincus, et autant d'États dévastés ou conquis.

## 2.  Partage de la Terre promise.— Mort de Josué (1560 avant J.-C.).

Après avoir glorieusement achevé la conquête de la terre promise, Josué en régla le partage entre les douze tribus d'Israël.

Le territoire divisé avec la plus stricte égalité possible, chaque tribu reçut son lot par la voie du sort qui parut constamment dirigé par le Seigneur.

La tribu de Lévi, destinée au service de Dieu, ne fut point comprise dans le partage ; mais quarante-huit villes, dispersées sur le territoire des autres tribus, lui furent réservées.

On désigna également six villes de refuge pour être l'asile inviolable de tout homme coupable d'un meurtre involontaire.

Les villes où résidaient les rois chananéens conservèrent le titre de villes royales.

Le tabernacle fut dressé à Silo, sur le territoire de Sichem.

Sentant sa fin approcher, Josué réunit les tribus d'Israël, et renouvela solennellement leur alliance avec le Seigneur. Il mourut peu après, à l'âge de cent dix ans.

Il n'eut point de successeur. Après lui le peuple fut gouverné par les anciens de chaque tribu, sous l'autorité suprême du grand prêtre.

### 3.— Gouvernement des Juges (avant J.-C. 1558).

Les Israélites, oubliant les bienfaits de Dieu, méconnurent souvent sa loi, et adorèrent les idoles des nations qu'ils avaient vaincues.

Le Seigneur, justement irrité, permit que ces ingrats fussent réduits plusieurs fois en servitude par leurs ennemis. Mais, dès qu'ils témoignaient quelque repentir et imploraient son secours, il leur suscitait, pour les délivrer, des hommes remplis de son esprit, que l'on désigne sous le nom de Juges.

Ces juges sont au nombre de quinze : Othoniel, Aod, Samgar, Débora, Gédéon, Abimélech, Thola, Jaïr, Jephté, Abesan, Ahialon, Abdon, Samson, Héli et Samuel.

### 4.— Othoniel (1550).— Aod (1492).—Samgar (1452).— Débora (1392).

Othoniel, premier juge, vainquit Chusan, roi de Mésopotamie, qui avait asservi les Hébreux pendant huit années.

Aod affranchit Israël de la seconde servitude, qui avait duré dix-huit ans, en tuant de sa propre main Eglon, roi des Moabites.

Samgar mit à mort six cents Philistins avec un soc de charrue, et mérita par cet exploit le titre de juge d'Israël.

Débora, prophétesse remplie de l'esprit de Dieu, avec l'aide de Barac, guerrier fort et courageux, défit Jabin, roi de Chanaan, qui opprimait les Hébreux depuis vingt années. Sisara, général de ce prince, fut tué par la main d'une femme.

### 5. — Gédéon (1345).

Les Israélites, coupables de nouvelles infidélités, furent livrés aux Madianites pendant sept années.

Touché de leur repentir, Dieu leur suscita un libérateur dans Gédéon.

Cet homme courageux, averti par un ange de sa mission, qui lui fut confirmée par plusieurs miracles, ne prit avec lui que trois cents soldats éprouvés.

Confiant dans le secours divin, il arma chacun d'eux d'une trompette et d'un vase de terre renfermant une torche allumée. Puis, au milieu de la nuit, il s'avança à leur tête vers les Madianites.

Arrivés près du camp ennemi, les trois cents Hébreux, à un signal donné, sonnèrent de la trompette, brisèrent leurs vases les uns contre les autres, et élevant leurs flambeaux allumés, s'écrièrent tous ensemble : « L'épée du Seigneur et de Gédéon ! »

Les Madianites, effrayés dans leur sommeil par ce bruit imprévu, éblouis par la clarté subite des lumières, prirent la fuite, et dans le désordre de la mêlée, se tuèrent entre eux.

Le peuple d'Israël fut heureux et libre sous l'administration de Gédéon, qui dura quarante ans.

### 6. — Abimélech (1306). — Thola (1202). — Jaïr (1279). — Jephté (1239).

Abimélech, l'un des fils de Gédéon, fit mourir tous ses frères, à l'exception d'un seul, et usurpa l'autorité pendant trois années.

Il périt au siége de Thèbes, d'une pierre lancée par la main d'une femme.

Le gouvernement de Thola et de Jaïr n'offre aucun fait remarquable.

Jephté affranchit Israël de la servitude des Ammonites, qui avait duré dix-huit ans.

Avant de combattre, il fit le vœu téméraire d'offrir à Dieu en sacrifice, s'il remportait la victoire, la première personne qu'il rencontrerait à son retour.

Comme il revenait triomphant, sa fille unique, s'avançant la première, vint à la tête de ses compagnes le féliciter de sa victoire.

En la voyant, le malheureux père fut brisé de douleur ; il déchira ses vêtements et lui apprit le vœu qu'il avait fait.

« Mon père, s'écria sa fille généreuse, accomplissez votre promesse. Je suis assez heureuse, puisque je vous revois victorieux. »

Pour toute faveur, elle demanda qu'il lui fût permis de se retirer pendant deux mois, avec ses compagnes, pour pleurer sa mort prématurée.

Ce temps expiré, elle revint trouver son père qui accomplit son vœu, soit en l'immolant, soit plutôt en la consacrant au Seigneur.

### 7. — Abessan (1233). — Ahialon (1226) — Abdon (1216). — Histoire de Ruth.

Le gouvernement de ces trois juges n'offre rien de remarquable; mais c'est à l'époque de la judicature d'Abdon que l'on rattache généralement l'histoire de Ruth.

Une grande famine, survenue en Israël, contraignit un homme de Bethléem, nommé Elimélech, à se réfugier dans le pays des Moabites avec sa femme Noémi et ses deux fils.

Elimélech mourut sur la terre étrangère, et dix ans après, Noémi eut la douleur de perdre aussi ses deux fils, qui avaient épousé deux filles de Moab, Orpha et Ruth.

Accablée par cette dernière épreuve, Noémi voulut retourner dans sa patrie; mais elle conjura ses deux belles-filles de ne point s'exiler avec elle, et de rester dans leurs familles.

Orpha céda à ses instances; mais Ruth ne voulut point consentir à quitter sa belle-mère.

« Je ne vous abandonnerai point, lui dit-elle ; j'irai partout où vous irez ; votre peuple sera mon peuple, votre Dieu sera mon Dieu, et la mort seule pourra me séparer de vous. »

Noémi ne put résister à une prière aussi touchante. Elles partirent ensemble et arrivèrent à Bethléem au temps de la moisson.

Ruth, pour assurer leur subsistance, obtint de sa belle-mère la permission d'aller glaner. Le Seigneur la conduisit dans le champ de Booz, homme riche et vénérable, qui était proche parent d'Elimélech.

Booz, apprenant quelle était la jeune étrangère qui glanait dans son champ, s'approcha d'elle et lui dit : « Ma fille, ne vous éloignez point de ce lieu ; mais suivez mes moissonneurs, car j'ai donné ordre de ne point vous inquiéter.

Ruth, s'inclinant avec modestie, dit à Booz : « D'où me vient ce bonheur d'avoir trouvé grâce à vos yeux, moi qui ne suis qu'une pauvre étrangère ? »

Booz lui répondit : « On m'a rapporté tout ce que vous avez fait pour votre belle-mère. Puissiez-vous recevoir votre récompense du Dieu d'Israël ! Quand il sera l'heure de manger, venez partager le repas de mes moissonneurs. »

Puis il ordonna à ceux-ci de laisser tomber à dessein, pour elle, des épis de leurs javelles.

La moisson terminée, Booz, sachant qu'il était le plus proche parent de Ruth, l'épousa et prit Noémi dans sa maison.

Cette union fut bénie du Seigneur par la naissance d'un fils nommé Obed, qui fut le père d'Isaï et l'aïeul du saint roi David.

## 8. — Samson (1187 avant J.-C.).

Les Israélites, étant retombés dans l'idolâtrie, furent livrés aux Philistins, qui les opprimèrent pendant quarante ans.

Dieu leur suscita un libérateur dans la personne de Samson, qu'il doua d'une force surnaturelle.

La naissance de cet envoyé du Seigneur fut annoncée par un ange; et dès sa jeunesse, il montra qu'il était destiné à de grandes choses.

Il n'avait encore que dix-huit ans lorsqu'il fut attaqué par un lion furieux qui s'élança sur lui en rugissant. Samson le terrassa et le mit en pièces, comme si c'eût été un chevreau.

Peu de temps après, pour venger une injure qu'il avait reçue d'un Philistin, il prit trois cents renards, les lia par la queue, y attacha des torches allumées, et les lâcha dans les champs des ennemis, où ils causèrent une totale dévastation.

Les Philistins s'emparèrent de Samson et l'enchaînèrent; mais il rompit ses liens, et saisissant une mâchoire d'âne qui se trouvait à terre, tua mille de ses ennemis.

Les Philistins, apprenant que Samson se trouvait dans la ville de Gaza, en fermèrent les portes et crurent ainsi le faire prisonnier; mais Samson enleva les portes avec leurs gonds et leur serrure, et les porta sur une montagne voisine.

Samson serait demeuré invincible, s'il n'eût commis une grave indiscrétion. Cédant aux opiniâtres instances d'une femme perfide nommée Dalila, il lui révéla que la cause de sa force était dans sa longue chevelure, dont le fer n'avait jamais approché.

Les Philistins, ayant appris ce secret, firent raser les cheveux de Samson pendant son sommeil, l'accablèrent d'outrages, lui crevèrent les yeux, et le condamnèrent à tourner une meule de moulin.

Mais bientôt ses cheveux commencèrent à repousser, et il recouvra sa force première.

Un jour que les Philistins célébraient une fête en l'honneur de leur idole, et se trouvaient réunis en grand nombre, ils se firent amener leur prisonnier, pour servir de jouet à la multitude.

Samson pria son guide de le conduire entre les deux colonnes qui soutenaient l'édifice. Arrivé là, il invoqua le Seigneur; et saisissant les deux colonnes, il les ébranla d'un suprême effort, en s'écriant : « Que je meure avec les Philistins! »

Aussitôt le temple s'écroula sur les princes des Philistins et sur le peuple; trois mille personnes périrent; et en mourant, Samson tua un plus grand nombre des ennemis d'Israël, qu'il n'en avait tué pendant sa vie.

## 9. — Héli (1152).

Après la mort de Samson, Héli, qui était souverain pontife en Israël depuis plusieurs années, réunit le pouvoir civil à l'autorité religieuse.

C'était un homme vénérable par sa piété; mais sa funeste indulgence pour ses deux fils, Ophni et Phinées, lui attira les malédictions du Seigneur.

Ce fut sous le gouvernement de ce juge, que Samuel, jeune enfant de trois ans, fut amené à Silo où était l'arche d'alliance, pour être consacré au service de Dieu.

Samuel grandit auprès du grand prêtre, et, par ses vertus, le consola des désordres de ses fils.

Une nuit que le jeune lévite dormait comme à l'ordinaire tout près du sanctuaire, il s'entendit appeler par son nom. Croyant que c'était Héli qui le réclamait, il accourut auprès de lui; mais Héli l'assura qu'il ne l'avait point appelé.

La même voix se fit entendre jusqu'à quatre fois; alors Samuel, suivant l'ordre qu'il en avait reçu d'Héli, s'écria : « Parlez, Seigneur, votre serviteur vous écoute. »

Dieu dit à Samuel : « Le jour approche où je frapperai Héli avec ses fils parce que, n'ayant pas ignoré leur mauvaise conduite, il n'a pas eu le courage de les en punir. »

Le lendemain, sur les instances d'Héli, il lui révéla avec douleur ce qu'il avait entendu. Le malheureux vieillard ne se permit pas un murmure : « Le

Seigneur est le maître, s'écria-t-il, que sa volonté soit faite! »

Peu après, la guerre se ralluma entre les Philistins et les Israélites. Ces derniers avaient porté avec eux l'arche d'alliance afin qu'elle protégeât leurs armes.

Mais Dieu était irrité; ils furent vaincus, l'arche d'alliance fut prise, les deux fils d'Héli tués, et celui-ci, en apprenant ces terribles nouvelles, tomba de son siége à la renverse et se brisa la tête.

Les Philistins placèrent l'arche dans le temple de Dagon, leur dieu; mais ce sacrilége leur attira tant de malheurs, qu'ils la renvoyèrent aux Israélites.

### 10. — Samuel (1092).

Vingt ans après la mort d'Héli, Samuel, qui gouvernait les Hébreux en qualité de grand-prêtre, fut élevé à la judicature.

Son premier soin fut de ramener le peuple au culte du Seigneur, et il montra dans tous ses actes une éminente sagesse.

Il vainquit les Philistins et rétablit l'ordre et la paix en Israël.

Mais ses deux fils ne l'imitèrent point et commirent toutes sortes d'injustices.

Alors les anciens d'Israël dirent à Samuel : « Donnez-nous un roi, comme en ont toutes les nations, afin qu'il nous gouverne et nous juge. »

Samuel, profondément affligé de cette demande,

leur reprocha leur ingratitude envers le Seigneur, qui, seul jusqu'alors, avait été leur roi.

Mais le peuple s'obstina dans sa demande et Samuel, sur l'ordre de Dieu, accéda à ses désirs.

Ainsi finit le gouvernement théocratique, qui avait régi les Hébreux depuis leur entrée dans le désert.

### § 1.— Revue sommaire de la cinquième Époque.

Les faits principaux de cette période sont : la conquête et le partage de la terre promise par Josué, le gouvernement des anciens, celui des juges, les différentes servitudes.

Nous y remarquons les infidélités multipliées des Israélites qui, oubliant leur sainte destination, se livrent souvent au culte insensé des idoles; et la bonté miséricordieuse de Dieu qui leur suscite des libérateurs, toutes les fois qu'ils recourent sincèrement à lui.

---

## QUESTIONNAIRE.

1. Quelles merveilles accompagnèrent l'entrée des Hébreux dans la terre promise ?

2. Quelle fut la division de cette terre ? — La part de la tribu de Lévi ?

3. Dites le gouvernement des Israélites après la mort de Josué. — Les noms des juges d'Israël.

4. Parlez des quatre premiers juges.

5. Racontez l'histoire de Gédéon.

6. Que savez-vous sur Abimélech ? — Racontez le vœu de Jephté.

7. Dites l'histoire de Ruth.

8. Quelles choses merveilleuses fit Samson ? — Comment mourut-il ?

9. Dites ce que vous savez sur Héli,

10. Sur Samuel.

11. Quels sont les faits principaux de la cinquième époque ? — Les observations qu'elle suggère ?

# SIXIÈME ÉPOQUE.

## De l'Etablissement de la Royauté à la Captivité de Babylone.

Durée : Près de cinq siècles.

### 1. — Etablissement de la Royauté (an du monde 3042 ; avant J.-C. 1096). — Saül, premier roi.

Dieu révéla à Samuel que celui qu'il destinait au trône était Saül, fils de Cis, de la tribu de Benjamin, le plus beau des enfants d'Israël.

Ce jeune homme, envoyé à la recherche des ânesses de son père, s'adressa au prophète Samuel pour savoir ce qu'elles étaient devenues.

Samuel, inspiré de Dieu, reconnut aussitôt son élu dans le jeune Israélite, et le sacra roi.

Quelques jours après, le sort ayant été jeté sur les tribus d'Israël, confirma le choix divin.

Le nouveau roi fut amené au milieu de l'assemblée du peuple. En voyant cet homme magnifique qui les dépassait de toute la tête, les Israélites l'acclamèrent avec enthousiasme.

Saül montra bientôt qu'il était digne de la souveraine puissance en remportant sur les Ammonites une glorieuse victoire.

Deux ans après, la guerre s'étant rallumée entre

les Israélites et les Philistins, ceux-ci vinrent camper à Machmas avec des forces considérables.

La vue de cette armée découragea les Hébreux, qui s'enfuirent presque tous, ne laissant à Saül qu'un petit nombre de soldats consternés.

Samuel avait dit à Saül, de la part de Dieu : « Attendez-moi sept jours ; alors j'irai vous retrouver pour offrir un sacrifice au Seigneur, et vous dirai ce que vous aurez à faire. »

Sur la fin du septième jour, le prophète n'était point arrivé, et les soldats de Saül désertaient l'un après l'autre. Le roi impatient offrit lui-même le sacrifice et usurpa ainsi les fonctions du sacerdoce. Ce fut sa première faute.

A ce moment Samuel arriva et dit à Saül : « Parce que vous avez désobéi au Seigneur, votre couronne ne passera pas à vos descendants ; et déjà Dieu s'est choisi un homme selon son cœur pour être le chef de son peuple. »

Le Seigneur bénit néanmoins les armes de Saül qui rallia ses troupes, et avec l'aide de Jonathas, son fils, mit en fuite les Philistins.

L'autorité de Saül fut affermie par cette victoire, qui fut suivie de plusieurs autres sur les Moabites, les Ammonites et les Édomites.

Il ne restait plus que les Amalécites. Samuel ordonna à Saül, au nom du Seigneur, d'exterminer entièrement ce peuple, sans rien réserver de ce qui lui appartenait.

Saül n'obéit qu'à une partie de cet ordre. Il épargna Agag, roi des Amalécites, et conserva la meilleure part du butin. Ce fut sa seconde faute.

Samuel vint lui reprocher cette nouvelle désobéissance, et lui annonça que Dieu l'avait rejeté sans retour.

Le prophète quitta Saül et ne le revit plus; mais il ne cessa de pleurer sur ce malheureux prince qu'il avait aimé d'une infinie tendresse.

### 2. — Commencements de David.

Le temps était venu où, selon la prophétie de Jacob, la tribu de Juda, destinée à donner naissance au Messie, devait occuper le trône.

Samuel, sur l'ordre de Dieu, se rendit secrètement à Bethléem, chez Isaï, dont le plus jeune fils nommé David, lui fut désigné comme l'élu du Seigneur.

Le saint prophète donna l'onction royale à ce jeune homme de quinze ans; et dès lors, l'esprit divin se reposa sur David et quitta Saül qui fut livré à l'esprit du mal.

Pour calmer ses accès de mélancolie furieuse, les officiers de Saül conseillèrent à ce prince d'appeler auprès de lui le jeune David qui excellait à jouer de la harpe. Celui-ci vint donc auprès du roi, qui en fit son écuyer. Et chaque fois que Saül avait un accès de délire, David le calmait par les sons de sa harpe.

Trois ans après le sacre de David, une nouvelle guerre s'étant élevée entre les Israélites et les Philistins, il se trouva parmi ceux-ci un géant nommé

Goliath qui, défiant chaque jour les Hébreux au combat, leur disait avec mépris : « Qui d'entre vous osera se mesurer avec moi? »

Mais, bien que Saül eût promis une forte somme d'argent et sa fille en mariage à celui qui tuerait le géant, personne ne se présentait pour combattre ce redoutable adversaire, qui renouvela pendant quarante jours ses insultantes bravades.

Dans cet intervalle, le jeune David vint au camp pour voir ses frères. Indigné de l'audace de Goliath, il obtint de Saül la permission de le combattre; et, plein de confiance dans le secours divin, il ne prit d'autres armes que son bâton de berger, et cinq pierres polies, choisies dans le torrent.

Arrivé devant le géant, celui-ci lui dit avec mépris : « Suis-je un chien pour que tu viennes à moi armé d'un bâton? »

« Tu t'avances, répliqua David, avec l'épée, la lance et le bouclier; moi, je viens au nom du Dieu des armées qui va te livrer entre mes mains. »

Au même instant, David mit une pierre dans sa fronde et la lança au front du géant qui tomba le crâne brisé. Le jeune vainqueur se jeta sur son ennemi et lui trancha la tête avec sa propre épée.

A cette vue, les Philistins consternés prirent la fuite; les Israélites les poursuivirent et en firent un grand carnage.

Après cet exploit, David fut présenté à Saül qui, charmé de son courage, voulut l'attacher pour toujours à sa personne.

De ce moment, Jonathas, fils aîné de Saül, se lia avec David de l'amitié la plus étroite.

### 3.— Persécutions de Saül contre David.

La faveur que Saül avait accordée à David ne dura pas longtemps ; lorsque l'armée victorieuse rentra dans ses foyers, les femmes d'Israël vinrent au devant du roi en chantant : « Saül en a tué mille, et David en a tué dix mille. »

Saül, irrité de ces paroles, devint jaloux de celui qui lui avait procuré la victoire ; et quoiqu'il fût obligé de tenir sa promesse en lui donnant sa fille en mariage, il lui voua une haine implacable et essaya plusieurs fois de le tuer.

David, obligé de fuir, erra de solitude en solitude, toujours poursuivi par Saül, qui faisait impitoyablement mettre à mort tous ceux qui donnaient asile au fugitif.

Plusieurs fois David trouva l'occasion de se venger ; mais il respecta la vie de Saül qu'il aimait encore, et dans lequel il honorait l'Oint du Seigneur ; et il se contenta, dans une première circonstance, de couper un morceau de son manteau, pour lui prouver qu'il aurait pu le tuer ; et dans une autre, de lui enlever, pendant son sommeil, sa lance et sa coupe, placées auprès de son lit.

Instruit de ces actes de générosité, Saül, un instant touché, rappela David auprès de lui ; mais celui-ci n'osa se fier à ses promesses, et se contenta de lui renvoyer sa lance.

#### 4. — Mort de Saül (1056 avant J.-C.).

De plus en plus aveuglé, Saül consulta dans une dernière guerre contre les Philistins, une pythonisse ou magicienne, à laquelle il ordonna d'évoquer l'âme de Samuel, mort depuis deux ans.

Dieu permit que l'ombre du prophète apparût à Saül, et lui prédit à la fois sa défaite et sa mort.

Les Hébreux, en effet, furent mis en déroute par les Philistins.

Jonathas et deux autres fils de Saül périrent dans le combat. Lui-même, atteint d'une flèche, se perça de son épée, pour ne pas tomber vivant entre les mains de ses ennemis.

Ainsi mourut à l'âge de soixante-deux ans, après en avoir régné quarante, ce prince qui, par sa désobéissance aux ordres divins, mérita d'être rejeté du Seigneur.

En apprenant la mort de Saül et de Jonathas, David s'abandonna à la plus vive douleur. Il fit mourir un Amalécite qui se vantait d'avoir tué Saül, et récompensa magnifiquement les habitants de Jabès qui lui avaient donné la sépulture, à lui et à ses fils.

#### 5. — David reconnu seul roi (1049). — Sa gloire.

A la mort de Saül, David fut reconnu roi par la tribu de Juda. Il avait alors trente ans.

Les autres tribus proclamèrent Isboseth, quatrième fils de Saül. Ces deux élections firent naître une guerre civile qui dura sept années.

Isboseth ayant été assassiné, David fut reconnu seul roi d'Israël par toutes les tribus réunies.

Dès le commencement de son règne, David tourna ses armes contre les Jébuséens qui étaient restés maîtres de Jérusalem. Il prit d'assaut leur forteresse, élevée sur la montagne de Sion, et établit sa demeure dans ce lieu, qui fut appelé depuis cité de David.

Jérusalem, agrandie et embellie par le monarque, devint la capitale du royaume. David y fit élever un magnifique palais pour la construction duquel Hiram, roi de Tyr, son allié, lui fournit les bois les plus précieux et les ouvriers les plus habiles.

Dès qu'il se vit paisible possesseur du trône, David fit amener solennellement l'arche d'alliance à Jérusalem, au milieu des transports de la joie publique.

Il voulait aussi élever un temple au Seigneur. Mais le prophète Nathan lui annonça de la part de Dieu que cet honneur était réservé à Salomon, son fils.

Voici, lui dit Nathan, les paroles du Seigneur : « Ce ne sera pas vous qui m'élèverez un temple, parce que vos mains sont souillées de sang ; mais je mettrai sur votre trône un fils qui sortira de vous, et ce sera lui qui élèvera un temple à la gloire de mon nom. *J'établirai son trône pour toujours ; je serai son père, et il sera mon fils ;*

*votre maison subsistera à jamais et son trône sera éternel.*

Ces dernières paroles renferment la septième promesse du Messie.

Le Seigneur fit triompher David de tous ses ennemis; et ce monarque étendit sa domination de la Méditerranée à l'Euphrate.

## 6. — Fautes et pénitence de David. — Sa mort.

Cependant la conduite de David ne fut pas toujours irréprochable : il commit de grande fautes qu'il expia par de grands malheurs et le plus sublime repentir.

Dieu le punit sévèrement : Absalon, son fils, se révolta contre lui, il fut vaincu par les soldats restés fidèles à David; dans sa fuite précipitée, sa longue chevelure s'attacha aux branches d'un arbre, auquel il resta suspendu; il y fut tué d'un coup de lance par le général vainqueur.

David fut vivement attristé, mais se soumit sans murmure; il s'humilia dans son cœur, et reconnut ses fautes. Aussi Dieu lui pardonna, et il mourut saintement, à l'âge de soixante-onze ans, après un règne de quarante.

Ce grand roi, l'une des plus parfaites figures du Messie par ses travaux, ses humiliations et ses souffrances, a composé les psaumes sublimes que nous chantons aux offices de l'Eglise, et qui renferment les prophéties les plus remarquables.

### 7.— Avénement de Salomon (1016 avant J.-C.).

Salomon n'avait que dix-huit ans quand il monta sur le trône. Son premier soin fut de mettre son règne sous la protection du Seigneur, en lui offrant un sacrifice solennel.

Dieu, touché de sa piété, lui apparut en songe et lui dit : « Demandez-moi ce que vous voudrez, et je vous l'accorderai. » Salomon lui demanda la sagesse; et le Seigneur, pour le récompenser de ce choix, lui accorda aussi les richesses et la gloire qu'il n'avait pas demandées.

Le jeune prince manifesta bientôt ce don de Dieu d'une manière éclatante dans un jugement qu'il rendit en présence de tout le peuple assemblé.

Deux femmes demeurant ensemble avaient chacune un enfant. L'un de ces enfants étant mort, sa mère le mit à la place de celui qui était vivant et s'appropria ce dernier.

Les deux mères se présentèrent devant Salomon pour lui demander justice, et chacune réclama l'enfant vivant comme étant le sien.

Il n'y avait ni preuve, ni témoin; mais le roi, inspiré de Dieu, dit à l'un de ses gardes : « Prenez l'enfant vivant, coupez-le en deux, et donnez-en la moitié à chacune de ces femmes.

La fausse mère consentit à ce jugement; mais la véritable mère frémit dans son cœur, et s'écria : « Seigneur, donnez mon fils à cette étrangère; j'aime mieux le voir vivant entre ses mains que de le pleurer mort dans les miennes. »

Salomon reconnut le cri de la nature : « Voici la véritable mère, dit-il, qu'on lui rende son fils, il est bien à elle. » Tout Israël admira la profonde sagesse de ce jugement.

### 8.— Dédicace du temple (1005).

Fidèle au vœu de son père, Salomon s'occupa de la construction du temple. Il employa sept années et près de deux cent mille ouvriers à ce magnifique ouvrage, l'un des plus beaux qui soient jamais sortis de la main des hommes.

Toutes les pierres étant taillées et polies, tous les matériaux travaillés à l'avance, on n'entendit pas un coup de marteau dans la maison de Dieu, qui s'éleva dans un religieux silence. Le bois de cèdre, le marbre, l'or, les pierres précieuses y resplendissaient de toutes parts.

Lorsque le temple fut achevé, Salomon en fit la dédicace, avec une solennité digne de sa magnificence. L'arche sainte, accompagnée des prêtres, des lévites et de tout le peuple, fut transportée en grande pompe sur la montagne de Moria, au milieu des chants d'allégresse et des holocaustes incessants.

Au moment où cette arche vénérée fut placée dans le sanctuaire du temple, la gloire de l'Eternel, rendue sensible par la nuée du désert, remplit cette splendide demeure, dont elle sembla prendre possession.

La solennité de la dédicace dura sept jours. Après ces fêtes, les tribus se séparèrent. pénétrées de reconnaissance envers Dieu.

### 9.— Gloire de Salomon.— Sa chute.

Après que Salomon eut élevé le temple du Seigneur. il fit construire pour lui-même un magnifique palais: il entoura Jérusalem de murailles fortifiées; bâtit plusieurs villes puissantes; étendit au loin son commerce; augmenta le nombre de ses flottes et de ses armées; rendit tributaires la plupart des princes voisins, et enfin immortalisa son nom par d'admirables écrits.

Aussi sa réputation s'étendit-elle dans tout le monde connu : la reine de Saba accourut du fond de l'Arabie à Jérusalem pour le consulter et admirer ses merveilleux ouvrages.

Malheureusement, la prospérité corrompit son cœur; et, sur la fin de sa vie, oubliant les bienfaits de Dieu. il adora des idoles.

Le Seigneur irrité lui annonça qu'après sa mort son royaume serait divisé, et qu'il ne resterait à son fils que deux tribus.

Salomon mourut après un règne de quarante ans. L'Écriture. qui nous apprend sa chute, ne nous dit rien de sa pénitence : terrible exemple du danger des prospérités temporelles qui, trop souvent. attachent l'homme à la terre et l'éloignent de Dieu, sans lequel il n'est et ne peut rien.

## 10.— Division du royaume.

Salomon eut pour successeur son fils Roboam. Egaré par ses courtisans, ce prince fier et inflexible accabla le peuple d'impôts.

Dix tribus se révoltèrent, prirent pour roi Jéroboam et formèrent un royaume particulier sous le nom de royaume d'Israël.

Les tribus de Juda et de Benjamin restèrent fidèles à Roboam et furent désignées sous le nom de royaume de Juda.

Le royaume d'Israël plus peuplé, plus étendu, dont Samarie devint la capitale, eut dix-neuf rois de différentes nations, et dura de 976 à 718 avant Jésus-Christ, c'est-à-dire deux cent cinquante-huit ans. Il fut détruit par Salmanasar, roi d'Assyrie, qui emmena les dix tribus captives à Ninive.

Le royaume de Juda, plus important et plus riche par la possession de la capitale et du temple, conserva Jérusalem pour capitale. Il eut vingt rois de la maison de David, destinée à donner naissance au Sauveur du monde, et dura de 976 à 606 avant Jésus-Christ, c'est-à-dire trois cent soixante-dix ans. Il fut détruit par Nabuchodonosor, roi d'Assyrie, qui emmena les habitants captifs à Babylone.

Pour rendre plus facile leur histoire, nous allons la donner séparément en commençant par le royaume d'Israël.

## ROIS D'ISRAËL.

### 11. — Jéroboam (976). — Nadab (955).— Baasa (953.) — Ela (931.) — Zamri (931). — Amri (931).

Pour empêcher les Israélites de rentrer sous la domination de leur roi légitime, Jéroboam, premier roi d'Israël, fit élever deux veaux d'or, l'un à Bethel, l'autre à Dan, et persuada à ses sujets de les adorer. Il fut constamment en guerre avec les rois de Juda, et mourut dans l'impiété, après un règne de vingt-deux ans.

Nadab, fils de Jéroboam, et aussi méchant que son père, ne régna que deux ans. Il fut assassiné avec toute sa famille par Baasa, qui s'empara du trône.

Baasa régna vingt-quatre ans et ne commit que des crimes.

Ela, son fils, fut assassiné après un règne de deux ans, par Zamri, l'un de ses généraux.

Zamri ne jouit que pendant sept jours de son usurpation. Assiégé dans sa capitale par Amri, il se donna la mort.

Amri bâtit Samarie et en fit la capitale de ses états. Après douze ans d'un règne souillé de crimes, il mourut, laissant le trône à Achab, son fils.

## 12. — Achab (919). — Le prophète Elle.

Achab, septième roi d'Israël, surpassa en impiété tous ses prédécesseurs. Il épousa Jézabel, princesse idolâtre, et adora comme elle l'idole de Baal, à laquelle il fit élever un temple.

Alors le prophète Elie vint lui annoncer de la part de Dieu, qu'en punition de ses crimes, il ne tomberait ni pluie ni rosée pendant trois ans.

La prédiction s'accomplit. Elie se retira sur les bords d'un torrent où un corbeau lui apportait matin et soir sa nourriture.

Le torrent s'étant desséché, Elie se rendit à Sarepta, où une pauvre veuve l'accueillit et partagea généreusement avec lui un peu de farine et d'huile qui lui restaient.

En récompense de sa charité, les provisions de cette femme ne diminuèrent point tant que dura la famine; et son fils unique étant mort, Elie le ressuscita.

Au bout de trois ans, Elie alla trouver Achab et confondit en sa présence les prêtres de Baal, qui offrirent un sacrifice à leur Dieu en même temps qu'Elie en offrait un au Seigneur. Les prêtres de Baal prièrent en vain leur idole de manifester sa puissance; tandis qu'Elie eut à peine invoqué le Seigneur, que le feu du ciel descendit sur son holocauste et consuma, non-seulement la victime et le bois, mais encore les pierres de l'autel.

Achab combla la mesure de ses crimes en faisant

mourir un Israélite nommé Naboth, pour s'emparer de sa vigne.

Elie parut de nouveau devant le roi, et lui dit, au nom du Seigneur : « Tu as fait lapider Naboth pour posséder son héritage; mais au lieu même où les chiens ont léché son sang, ils lécheront aussi le tien; et ils dévoreront Jézabel qui t'a conseillé ce meurtre. »

Cette terrible prédiction s'accomplit : Achab fut tué dans un combat contre les Syriens; et les chiens vinrent lécher son sang dans le lieu même ou avait péri Naboth.

### 13.— Ochosias (896).— Joram (895). — Le prophète Elisée.

Ochosias imita l'impiété de son père, et mourut des suites d'une chute, après deux ans de règne.

Joram, son frère, lui succéda, et fut impie comme lui. Il avait régné douze ans. Il fut mis à mort par Jéhu, son général.

C'est à cette époque qu'Elie fut enlevé au ciel dans un char de feu. Elisée, son disciple, hérita de ses vertus et de son don de prophétie.

La vie d'Elisée ne fut qu'une suite de prodiges. Il divisa les eaux du Jourdain avec le manteau d'Elie; il ressuscita le fils d'une Sunamite qui avait exercé envers lui l'hospitalité la plus généreuse; il guérit de la lèpre Naaman, général du roi de Syrie; il frappa d'aveuglement les soldats envoyés pour se saisir de lui; il maudit une troupe d'enfants qui l'avaient insulté, et qui à l'instant même furent dévorés par deux ours. Après la mort du saint prophète un cadavre fut ranimé au contact de ses ossements.

## 14.—Jéhu (883).—Joachas (855).—Joas (839). Jéroboam II (823).

Jéhu, qui avait été sacré par le prophète Elie, fit mettre à mort tous les princes de la famille d'Achab, ainsi que les prêtres de Baal.

Par son ordre Jézabel fut précipitée du haut d'une fenêtre du palais; et son corps, selon la prédiction d'Elie, fut dévoré par les chiens.

Jéhu toléra l'idolâtrie des veaux d'or. Son royaume fut ravagé par les Syriens. Il mourut après un règne de vingt-huit ans.

Joachas, fils de Jéhu, imita l'impiété de son père, mêlant le culte des veaux d'or à celui du vrai Dieu. Il fut vaincu par les Syriens. Il régna pendant dix-sept ans.

Joas, fils de Joachas, imita les égarements de son père, mais conserva néanmoins un grand respect pour Elisée qui illustra son règne par ses dernières prophéties. Ce saint prophète prédit à Joas trois grandes victoires sur les Syriens. Il en fut ainsi, et Joas régna heureusement pendant seize ans.

Jéroboam II, fils de Joas, rétablit le royaume d'Israël dans ses anciennes limites. Il mourut après un règne de quarante-deux ans, rendu célèbre par les prophéties d'Osée, d'Amos et de Jonas. Ce dernier, n'ayant point obéi à Dieu qui lui avait ordonné d'aller prêcher la pénitence aux Ninivites, fut assailli par une tempête, jeté à la mer et englouti par une baleine, qui, après trois jours, le rejeta vivant sur le rivage. Alors, il accomplit sa mission.

### 15. — Zacharie (771). — Sellum (771). — Manahem (771). — Phacéia (759). — Phacée (757). — Osée (730).

Zacharie, fils de Jéroboam II, ne régna que six mois. Il fut tué par Sellum.

Sellum fut tué un mois après par Manahem.

Manahem fut tributaire des Assyriens. Il régna douze ans.

Phacéia imita l'impiété de ses prédécesseurs. Après deux ans de règne, il fut tué par Phacée, général de ses armées.

Phacée périt après un règne malheureux de vingt ans, assassiné par Osée qui lui succéda.

Osée fut le dix-neuvième et dernier roi d'Israël. Le temps était venu où ce royaume, qui ne reconnaissait plus le vrai Dieu, allait être détruit.

Salmanasar, roi d'Assyrie, fut le ministre des vengeances divines. Il assiégea et détruisit Samarie, fit massacrer une partie des habitants de cette ville, chargea Osée de chaines et l'emmena captif à Ninive avec la plupart de ses sujets.

Ainsi finit le royaume d'Israël, la neuvième année du règne d'Osée, et la sixième année du règne d'Ezéchias, roi de Juda.

## 16. — Histoire de Tobie.

C'est à la captivité d'Israël que se rattache l'histoire de Tobie.

Cet homme juste, emmené captif à Ninive, consolait ses frères affligés, nourrissait ceux qui avaient faim et ensevelissait pieusement les morts.

Sa charité lui attira la haine de Sennachérib, successeur de Salmanasar. Il fut contraint de chercher dans la retraite un abri contre la persécution.

Dépouillé de ses biens, privé de la vue, accablé d'infirmités, Tobie, résigné à la volonté de Dieu, continuait de le bénir tous les jours de sa vie.

Croyant sa fin prochaine, il fit à son fils ses dernières recommandations :

« Pense à Dieu chaque jour, lui dit-il, observe ses commandements et ne consens jamais au péché.

« Sois charitable autant que tu le pourras. Si tu as beaucoup, donne beaucoup ; si tu as peu, donne aussi de ce peu et de bon cœur.

« Ne fais jamais à autrui ce que tu ne voudrais pas pour toi-même.

« Bénis Dieu en toutes choses, et demande-lui de diriger tes voies. »

Tobie apprit ensuite à son fils qu'il avait autrefois prêté dix talents à Gabelus, son parent, qui demeurait à Ragès, en Médie, et lui recommanda d'aller les lui réclamer.

Le jeune Tobie étant sorti pour chercher un guide, rencontra un beau jeune homme qui s'offrit à l'accompagner.

Ils partirent ensemble. Le généreux conducteur combla de soins celui qui avait été commis à sa garde. Il le sauva de tout péril; lui fit épouser Sara, fille de Raguel, son parent; alla lui-même recevoir l'argent prêté à Gabelus; revint avec celui-ci célébrer les noces du jeune Tobie; et enfin ramena ce dernier à son père.

Le vieillard, quoique aveugle, était venu avec Anne, sa femme, au-devant de son fils; et le pressant dans ses bras, il l'embrassa avec tendresse, et sa mère l'embrassa aussi, et tous versèrent des larmes de joie en adorant le Seigneur.

Alors le jeune Tobie, suivant les conseils de son guide, frotta les yeux de son père avec le fiel d'un énorme poisson qui avait été sur le point de le dévorer, un jour qu'il se baignait dans le Tigre; et le saint vieillard recouvra miraculeusement la vue.

Pénétrés de reconnaissance, les deux Tobie offrirent la moitié de ce qu'ils possédaient au jeune étranger qui leur avait rendu de si éminents services.

Mais celui-ci leur dit : « Je suis l'ange Raphaël, l'un des sept qui se tiennent devant le trône de Dieu. Témoin invisible de toutes vos bonnes œuvres, je les présentais au Seigneur qui m'a envoyé vers vous pour faire cesser vos épreuves. Maintenant que la paix soit avec vous; bénissez Dieu et publiez ses miséricordes. »

Et l'ange disparut, les laissant pénétrés d'admiration et de reconnaissance.

## ROIS DE JUDA.

### 17. — Roboam (976). — Abiam (959). — Osa (956). — Josaphat (915).

Roboam, premier roi de Juda, qui avait perdu les dix tribus enlevées par Jéroboam, vit encore son royaume envahi par Sésac, roi d'Egypte, qui prit Jérusalem, pilla le temple et les trésors du roi.

Roboam survécut peu à cet événement, juste punition de son idolâtrie : il mourut après un règne malheureux de seize ans, laissant la couronne à son fils Abias.

Abias remporta par le secours divin une éclatante victoire sur Jéroboam, roi d'Israël. Mais oubliant ce bienfait du Seigneur, il méconnut son culte et sa loi. Il mourut après trois ans de règne.

Asa fut aussi pieux que vaillant. Il abolit l'idolâtrie dans ses états et remporta de glorieuses victoires sur les Ethiopiens et sur les Israélites.

A la fin de son règne, il manqua de confiance dans le Seigneur, qui cessa de le protéger. Il occupa le trône pendant quarante ans et le laissa en mourant à son fils Josaphat.

Josaphat, l'un des plus saints rois de Juda, rétablit partout le culte divin. Il remporta de grandes victoires sur les Philistins, les Moabites et les Ammonites, et fit respecter son autorité au dedans comme au dehors.

S'étant allié avec les rois d'Israël, il en fut puni par quelques revers ; mais il s'humilia devant Dieu qui lui rendit sa protection toute puissante.

Josaphat eut un règne heureux de vingt-cinq ans. Joram son fils, lui succéda.

### 18. — Joram (896). — Ochosias (884). — Athalie (883). — Joas (877).

Joram hérita du trône de son père, sans hériter de ses vertus. Dès le commencement de son règne, cédant aux conseils d'Athalie, sa femme, fille d'Achab et de Jézabel, il abandonna le culte du Seigneur, éleva des autels aux faux dieux, et ordonna le massacre de ses six frères.

Il fut puni de ses crimes par la révolte de l'Idumée, l'invasion des Arabes et des Philistins qui dévastèrent son royaume, enfin par une horrible maladie qui le conduisit au tombeau, après huit ans de règne.

Ochosias, le dernier de ses fils, lui succéda. Elevé par Athalie sa mère, il marcha sur ses traces et celles de son père, et fit le mal devant le Seigneur.

S'étant allié avec Joram, roi d'Israël, il périt avec lui sous les coups de Jéhu, après un an de règne.

A la nouvelle de la mort d'Ochosias, Athalie fit massacrer tous les enfants de ce prince et usurpa le trône de Juda.

Mais Dieu veillait à la conservation de la famille de David, de laquelle devait naître le Messie. Josabeth, sœur d'Ochosias et épouse du grand-prêtre

Joad, sauva du massacre Joas, le dernier des fils de son frère. Cet enfant, encore au berceau, fut élevé secrètement dans le temple pendant six ans. Alors le grand-prêtre révéla son existence, renversa du trône l'usurpatrice et rétablit le roi légitime.

Joas régna sagement tant que vécut Joad ; mais après sa mort, il renonça au culte du vrai Dieu et fit lapider Zacharie, fils du grand-prêtre. Lui-même mourut assassiné, après un règne de quarante ans.

### 19. — Amasias (837). — Osias (808). — Joathan (755). — Achaz (742).

Fidèle à Dieu au commencement de son règne, Amasias remporta une éclatante victoire sur les Iduméens ; mais ayant apporté avec lui les idoles des vaincus, il les adora et n'éprouva plus que des malheurs.

Il fut emmené captif par Joas, roi d'Israël. Rétabli sur le trône, il mourut assassiné par ses sujets révoltés, après un règne de vingt-neuf ans.

Osias, son fils, commença son règne sous d'heureux auspices ; il vainquit les Philistins, rendit les Arabes tributaires, et porta ses armes jusqu'en Égypte. Mais ayant usurpé les fonctions sacerdotales, il fut frappé d'une lèpre hideuse et séparé, le reste de ses jours, du commerce des hommes. Il avait régné cinquante-deux ans.

Joathan suivit fidèlement la loi du Seigneur qui

le combla de bénédictions. Il régna glorieusement
pendant seize ans.

Achaz rétablit le culte des idoles et commit les
plus grands excès. Son royaume fut ravagé par les
Syriens et les Assyriens.

Achaz mourut dans l'impénitence après un règne
de seize ans, laissant le trône à son fils Ezéchias.

### 20. — Ezéchias (726). — Manassés (697).

Le premier soin d'Ezéchias, à son avénement au
trône, fut de rétablir dans ses états le culte du vrai
Dieu. Le ciel favorisa ses entreprises et bénit visiblement ses armes.

Il affranchit son pays du tribut qu'il payait au roi
d'Assyrie, et lorsque Sennachérib vint l'attaquer,
l'ange exterminateur fit mourir cent quatre-vingt-
cinq mille Assyriens.

Après avoir obtenu cette délivrance miraculeuse,
Ezéchias fut atteint d'une cruelle maladie qui le
mit aux portes du tombeau. Il pria Dieu avec fer-
veur, et quinze années furent ajoutées à la durée de
sa vie.

Ezéchias mourut après un règne de vingt-neuf
ans, laissant le trône à son fils Manassés.

Manassés rétablit le culte des idoles et se rendit
odieux par sa tyrannie. Le prophète Isaïe qui lui
reprochait sa conduite fut condamné par son ordre
à un horrible supplice.

Dieu permit qu'en punition de ses crimes, Manassés fut emmené captif par le roi d'Assyrie. Le

rince coupable se repentit et fut rétabli par le Sei-
neur sur le trône de ses pères.

Sur la fin de son règne, Manassès fut attaqué par
Nabuchodonosor Ier, qui voulait s'emparer du
royaume de Juda. Mais Dieu arma le bras de la
courageuse Judith contre Holopherne, général des
troupes du roi d'Assyrie, qui avait assiégé Béthu-
lie; elle lui coupa la tête et délivra sa patrie du
péril qui la menaçait.

Manassès mourut dans l'exercice de la pénitence,
après un règne de cinquante-cinq ans.

## 31. — Amon (642). — Josias (640). — Joachas (609). — Joachim (609).

Amon, fils de Manassès, imita les égarements de
son père, sans imiter son repentir. Il mourut assassiné, après un règne de deux ans.

Josias rétablit le culte de Dieu. Il mourut après
un règne de trente-deux ans, pleuré par son peuple et le prophète Jérémie, qui en fit un magnifique
éloge.

Joachas, fils de Josias, ne suivit point l'exemple
de son père, et ne régna que trois mois. Néchao
l'emmena captif en Egypte, où il mourut.

Joachim, frère aîné de Joachas, fut mis sur le
trône à sa place par Néchao, qui le rendit tributaire. Joachim commit toutes sortes de crimes,
malgré les exhortations du prophète Jérémie.

Pour le punir, Dieu le livra entre les mains de
Nabuchodonosor II, roi d'Assyrie, qui l'emmena

captif à Babylone avec un grand nombre de
sujets. Parmi les plus illustres se trouvaient Dani
Ananias, Mizaël et Azarias.

C'est de cet événement (606 avant Jésus-Chris
que l'on commence à compter les soixante-dix a
nées de captivité prédites par Jérémie.

Cependant le royaume de Juda ne finit pas e
core. Nabuchodonosor rendit même la liberté et
trône à Joachim, en le faisant son tributaire. M
ce dernier s'étant révolté, Nabuchodonosor le
mettre à mort.

### 22.— Jéchonias (597).— Sédécias (597).

Jéchonias régna trois mois. Infidèle à Dieu,
mourut captif du roi d'Assyrie. Avec lui fut e
mené à Babylone le prophète Ezéchiel.

Sédécias, placé sur le trône par Nabuchodonos
fut impie comme ses prédécesseurs. Il vou
recouvrer son indépendance ; mais une quatriè
fois Jérusalem tomba au pouvoir de l'Assyrien.
vainqueur fit crever les yeux à Sédécias, ap
l'avoir rendu témoin du meurtre de ses enfants.

Jérusalem fut livrée aux flammes avec le tem
et toutes les merveilles de Salomon ; et les Israéli
furent transportés à Babylone.

Ainsi finit le royaume de Juda, après avoir du
trois cent quatre-vingt-neuf ans.

## 3.— Revue sommaire de la sixième Époque.

Cette période nous montre le règne de David; celui de Salomon, marqué par la construction et la dédicace du temple de Jérusalem, ère de splendeur pour le peuple de Dieu; le schisme des dix tribus, qui amène bientôt la décadence et l'asservissement de la nation, oublieuse du culte et des lois du Seigneur.

Nous y remarquons la mission religieuse et providentielle des prophètes qui, mandataires du ciel au milieu des hommes, protestent énergiquement contre tous les vices, maintiennent le règne de Dieu sur la terre, dévoilent les secrets de l'avenir, et retracent à l'avance toute l'histoire du Rédempteur qui doit changer et sauver le monde.

---

## QUESTIONNAIRE.

**1.** Quels sont les principaux événements du règne de Saül? — Par quelles fautes mérita-t-il d'être rejeté de Dieu?

**2.** Qui fut destiné par le Seigneur à remplacer Saül? — Pourquoi David fut-il appelé près de ce roi? — Racontez sa victoire sur Goliath.

**3.** Quelle fut la cause de la jalousie de Saül contre David? — Quels en furent les résultats?

**4.** Où et comment mourut Saül? — Qui lui avait annoncé sa défaite et sa mort? — Dans quels sentiments David apprit-il cette mort?

5. Quels rois furent reconnus à la mort de Saül? Que produisit cette double élection?— Comment périt Isboseth? — Dites les premiers actes du règne de David? — La septième promesse du Messie?

6. La conduite de David fut-elle toujours irréprochable? — Comment fut-il puni? — Quel fut le sort d'Absalon? - -Comment David mérita-t-il le pardon du Seigneur?

7. Qui succéda à David? — Quels dons Dieu fit-il à Salomon? — Dans quelle occasion ce prince fit-il éclater sa sagesse?

8. Dites ce que vous savez sur la construction et la dédicace du temple.

9. Parlez de la gloire de Salomon? — De sa chute? — S'est-il repenti? — Que lui annonça le Seigneur?

10. Quelle fut la cause du schisme des tribus? — Quelles tribus composèrent le royaume de Juda? — Celui d'Israël? — Dites la durée, le nombre des rois, la capitale, le destructeur de chacun des deux royaumes.

11. Nommez les six premiers rois d'Israël. — Que savez-vous sur chacun d'eux?

12. Dites la conduite d'Achab, les principaux événements de son règne? — Les miracles et les prédictions du prophète Élie?

13. Que savez-vous sur Ochosias?— Sur Joram? — Que devint Élie? — Dites les miracles d'Élisée.

14. Quels furent les actes de Jéhu? — De Joachas? — De Jéroboam?

15. Nommez les derniers rois d'Israël. — Parlez de la destruction de ce royaume.

16. Racontez l'histoire de Tobie.

17. Nommez les quatre premiers rois de Juda et dites ce que vous savez sur chacun d'eux.

18. Comment se conduisit Joram et de quelle manière fut-il puni?—Comment vécut et comment mourut Ocho-

sias ? — Que fit Athalie à la mort de ce prince ? — Qui fut sauvé du massacre ? — Où Joas fut-il élevé ? — Qui le sacra roi ? — Resta-t-il fidèle au Seigneur ?

19. Que savez-vous sur Amasias ? — Sur Osias ? — Sur Joathan ? — Sur Achaz ?

20. Racontez le règne d'Ezéchias ? — Celui de Manassès ?

21. Nommez les derniers rois de Juda.

22. Donnez quelques détails sur la destruction de ce royaume ?

23. Quels sont les principaux faits de la sixième époque ? — Nommez tous les rois d'Israël ? — Tous ceux de Juda ? — Quels furent les meilleurs ? — Les plus impies ?

# SEPTIÈME ÉPOQUE.

## De la Captivité de Babylone à l'Edit de Cyrus.

Durée : Cinquante-un ans.

### 1. Les Israélites sous la domination assyrienne (587-536).

La domination assyrienne fut la première des quatre grandes dominations imposées aux Hébreux. Son caractère spécial fut de punir ce peuple de ses infidélités.

Mais Dieu ne laissa point les Israélites sans consolation et sans espérance: il retrempa leur vertu dans le malheur, les soutint par la voix de ses prophètes, et permit qu'ils conservassent intact le dépôt de leurs croyances, avec le sentiment national et la foi dans les divines promesses.

Le prophète Jérémie laissé libre, avait préféré la triste Jérusalem aux splendeurs de Babylone; il demeura dans la cité sainte, pleurant sur ses ruines et consolant les Juifs restés dans la Judée.

Le prophète Ézéchiel, emmené captif, soutint par l'espérance du retour, ses frères exilés.

Nabuchodonosor traita les Hébreux avec humanité, leur laissa leurs lois et leurs coutumes, et fit même élever dans son palais plusieurs enfants de la race royale.

## 2.— Daniel et ses compagnons.

Daniel et trois de ses compagnons, Ananias, Mizaël et Azarias, comme lui d'une naissance illustre, furent choisis entre tous pour être attachés à la personne du monarque, qui les prit en grande affection.

Afin qu'ils eussent meilleure mine, Nabuchodonosor avait ordonné qu'on les nourrit des mets de sa table ; mais ces mets étant d'abord offerts aux idoles, ces généreux enfants, fidèles à la loi de Moïse, refusèrent d'en manger et se contentèrent de légumes et d'eau.

Dieu bénit leur respect pour ses commandements, et les rendit plus robustes et plus brillants de santé que les autres enfants avec lesquels ils étaient nourris.

Daniel, doué de l'esprit prophétique, expliqua au roi un songe qu'il avait eu et qu'il ne pouvait même se rappeler.

Il avait vu une statue immense dont la tête était d'or, la poitrine et les bras d'argent, le corps d'airain, les jambes de fer, les pieds de fer et d'argile.

Tandis qu'il la considérait attentivement, une petite pierre se détachant d'une montagne, vint frapper les pieds de la statue qui fut réduite en poudre. Et la pierre devint une grande montagne qui remplit toute la terre.

Ce songe figurait la succession des quatre grands empires des Assyriens, des Perses, des Grecs, des

Romains, et enfin le règne éternel et universel de l'Église.

Nabuchodonosor ravi d'admiration , adora le Dieu de Daniel et combla celui-ci d'honneurs et de présents.

### 3.— Les trois jeunes Hébreux dans la Fournaise.

Nabuchodonosor, que ses continuelles victoires avaient rempli d'orgueil, se fit élever une statue d'or de soixante coudées, et ordonna à tous ses sujets de l'adorer.

Les trois jeunes compagnons de Daniel, Ananias, Misaël et Azarias refusèrent seuls de commettre cette idolàtrie.

Le roi irrité, fit précipiter les jeunes Hébreux dans une fournaise si ardente que les exécuteurs furent étouffés en l'approchant.

Mais un ange environna les trois martyrs d'une douce rosée, et la flamme ne brûlant que leurs liens, respecta leurs corps et leurs vêtements.

A la vue de ce prodige, Nabuchodonosor s'écria: « Serviteurs du Très-Haut, sortez et venez. Béni soit le Dieu qui a opéré une si grande merveille. »

C'est ainsi que ces trois jeunes gens eurent la gloire de faire reconnaître la toute-puissance de Dieu chez un peuple idolàtre.

## 4. — Daniel dans la fosse aux lions.

Daniel prédit à Nabuchodonosor la démence dans laquelle il devait tomber, en punition de son fol orgueil.

Sous Evilmérodac, fils et successeur de ce prince, le saint prophète continua d'être en faveur.

Mais ayant confondu l'imposture des prêtres de Bel, il irrita les Babyloniens qui contraignirent Evilmérodac à le faire jeter dans une fosse où l'on gardait sept lions.

Dieu veillait sur son serviteur. Daniel demeura six jours exposé à la rage de ces animaux affamés sans qu'ils lui fissent le moindre mal; et il fut nourri miraculeusement par un prophète.

Le septième jour, le roi étant venu pleurer Daniel qu'il aimait, le vit assis au milieu des lions ; alors plein de joie il s'écria : « Vous êtes grand, Seigneur, Dieu de Daniel. » Il fit sortir le prophète de la fosse et y fit jeter ses ennemis, qui furent dévorés au même instant.

## 5. — Festin de Balthazar. — Prise de Babylone (538).

Le temps était venu où Babylone devait être livrée aux Perses. Cyrus, annoncé par Isaïe deux cents ans avant sa naissance, vint assiéger cette ville.

L'impie Balthazar, successeur d'Evilmérodac, confiant dans ses forces innombrables, se rit des efforts des ennemis, et donna un splendide festin à toute sa cour.

Au milieu du repas, il fit apporter les vases d'or et d'argent, que Nabuchodonosor avait enlevés du temple de Jérusalem, et tous les convives burent dans ces vases consacrés au culte du Seigneur.

A peine cette profanation fut-elle commise, que Balthazar vit une main tracer sur la muraille, devenue éblouissante, des caractères mystérieux.

Frappé de terreur, le roi fit venir tous les sages de Babylone; mais ils ne purent même lire cette écriture.

Alors Daniel fut appelé, et dit à Balthazar : « En punition du sacrilége que vous avez commis, Dieu a prononcé votre jugement dans ces mots terribles: *Mané, Thécel, Pharès.*

« *Mané :* Dieu a compté les jours de votre règne et en a marqué la fin.

« *Thécel :* Vous avez été pesé et trouvé trop léger.

« *Pharès :* Votre royaume a été divisé et livré aux Mèdes et aux Perses. »

L'arrêt divin s'accomplit dans la même nuit : Cyrus ayant détourné le cours de l'Euphrate entra dans Babylone par le lit du fleuve desséché. Balthasar fut tué, ainsi qu'une partie des habitants, et l'empire des Assyriens passa entre les mains des Perses.


**6.— Revue sommaire de la septième Epoque.**

Cette période, plus courte que les autres, nous montre les Israélites transformés par l'épreuve revenant à Dieu dans un sincère repentir, et s'attachant de plus en plus à leur culte et à leurs lois.

En même temps, ils répandent dans l'Orient les traditions divines et préparent ainsi la vocation des Gentils.

Les prophètes accomplissent leur ministère de consolation, rappellent les promesses de Dieu, ses anciennes bénédictions données à la race de David. et par dessus tout la rédemption du genre humain par le Messie, dont le prophète Daniel fixe la venue à soixante-dix semaines d'années.

***

## QUESTIONNAIRE.

1. Quelle fut la première domination imposée aux Hébreux et quel en fut le caractère ? — Le malheur ent-il sur ce peuple une heureuse influence ? — Où demeura Jérémie ? — Et Ézéchiel ? — Comment Nabuchodonosor traita-t-il ses captifs ?

2. Quels jeunes gens d'illustre naissance furent attachés à la personne de Nabuchodonosor ? — Quelle preuve de fidélité à la loi donnèrent-ils ?— Dites le songe de Nabuchodonosor et l'explication donnée par Daniel.

3. Pourquoi les compagnons de Daniel furent-ils jetés dans la fournaise ? — Qui les secourut ?

4. Daniel ne fut-il pas, dans une circonstance semblable, protégé visiblement par le Seigneur ?

5. Racontez le festin de Balthazar et la prise de Babylone.

6. Que remarquez-vous sur la septième époque ?

# HUITIÈME ÉPOQUE.

## Du retour de la captivité à la prise de Jérusalem par Titus (1).

Durée : Six siècles et demi.

### 1 — Les Israélites sous la domination perse. — Edit de Cyrus (536).

Cyrus, devenu maître de l'Assyrie, publia, la première année de son règne, l'édit célèbre par lequel il permettait aux Juifs de retourner dans leur pays et de rebâtir le temple de Jérusalem.

Quarante-deux mille Juifs partirent sous la conduite de Zorobabel, prince de la maison de Juda, et du grand prêtre Josué, emportant avec eux les vases sacrés enlevés par Nabuchodonosor et rendus par Cyrus.

Tranquilles sous la domination des Perses, qui se montrèrent plutôt leurs protecteurs que leurs maîtres, les Juifs jouirent dans une paix profonde de la liberté de leur culte et de leurs lois, et renoncèrent pour toujours à l'idolâtrie.

Ils furent alors gouvernés, non plus par des rois, mais par des grands-prêtres qui exerçaient une autorité suprême.

(1) La naissance, la vie et la mort de notre Seigneur Jésus-Christ, principaux événements de cette époque, sont l'objet d'un précis particulier.

## 2.— Construction du second temple (535).
## — Sa Dédicace (516).

Ce fut dans la seconde année après leur retour, que les Juifs jetèrent les fondements du second temple. La haine jalouse des Samaritains entrava cette glorieuse entreprise, qui ne fut terminée que sous le règne de Darius, fils d'Hystaspe.

Tandis que les vieillards, qui avaient vu la splendeur du temple de Salomon, versaient des larmes sur ces constructions nouvelles, le prophète Aggée consolait le peuple en prédisant les hautes destinées de ce second temple, qui devait être sanctifié par la présence du Sauveur.

Vingt ans après le retour de la captivité, le temple fut achevé. Le peuple en célébra la dédicace avec de grandes réjouissances et une sainte allégresse.

## 3.— Retour d'Esdras à Jérusalem (472). —
## Rétablissement des murs de cette
## ville (454).

Artaxerxès Longue-Main, l'un des successeurs de Darius, autorisa Esdras, descendant d'Aaron et docteur de la loi, à retourner en Judée pour y régler les affaires de la religion et celles de l'état.

Cet homme éminent, aidé du pieux Israélite Néhémie, échanson du roi de Perse, épura le culte, réforma les abus et rétablit, avec la loi de Dieu, les institutions mosaïques.

Néhémie obtint d'Artaxerxès un édit qui ordonnait le rétablissement des murs de Jérusalem. C'est de cet édit que datent les soixante-dix semaines d'années qui, selon la prophétie de Daniel, devaient s'écouler jusqu'à Jésus-Christ.

Malgré la résistance armée des Samaritains, qui leur suscitèrent de nombreux obstacles, les Juifs, tenant l'épée d'une main, la truelle de l'autre, relevèrent en cinquante-deux jours les murs de la cité sainte, dont on fit la dédicace avec tous les transports d'une sainte joie.

Esdras mit en ordre les livres sacrés, fit au peuple repentant la lecture de la loi divine et renouvela solennellement l'alliance avec le Seigneur.

Vers ce temps parut Malachie, le dernier des prophètes. On en compte quatre grands et douze petits (1). Dès lors, leur mission fut terminée, et le peuple de Dieu, confiant dans les divines promesses, attendit pendant quatre siècles et demi la venue du Rédempteur.

### 4. — Histoire d'Esther.

Tous les Juifs n'avaient pas profité de la permission qui leur avait été donnée de retourner dans leur pays. Un certain nombre d'entre eux étaient demeurés en Assyrie.

Parmi ces derniers se trouvait le juste Mardochée. Il habitait la ville de Suze, élevant auprès de lui sa nièce Esther, jeune fille d'une grande vertu et d'une grande beauté.

(1) Les quatre grands prophètes sont : Isaïe, Jérémie, Ezéchiel et Daniel; les douze petits : Osée, Joel, Amos, Abdias, Jonas, Michée, Nahum, Habacuc, Sophonie, Aggée, Zacharie et Malachie.

Le roi de Perse, que l'Ecriture nomme Assuérus, et qui paraît être le même que Darius, fils d'Hystaspe, ayant répudié la reine Vasthy à cause de son orgueil, ordonna qu'on lui présentât les plus belles filles de la Perse, afin que, parmi elles, il choisît une nouvelle épouse.

Par un dessein providentiel, Esther, parée seulement de sa modestie et de sa grâce touchante, plut entre toutes au roi, qui l'éleva au trône, sans connaître son origine.

Irrité de ce que Mardochée avait refusé de fléchir le genou devant lui, Aman, premier ministre d'Assuérus, résolut de le faire mourir avec toute la nation juive.

A force d'accusations mensongères, il obtint du roi un édit qui ordonnait d'exterminer tous les Juifs à un jour fixé.

A la prière de Mardochée, Esther se dévoua pour le salut de sa nation. Bravant la peine de mort décrétée contre ceux qui se présentaient devant le roi sans être appelés, elle parut en présence d'Assuérus.

Dieu, qu'Esther avait invoqué, toucha le cœur de ce monarque : il étendit sur la reine son sceptre d'or en signe de pardon, et promit de lui accorder tout ce qu'elle lui demanderait, fût-ce la moitié de son royaume.

Esther, se jetant à ses pieds, lui dévoila les intrigues perfides d'Aman, et obtint la révocation du cruel édit porté contre les Juifs.

L'orgueilleux Aman confondu fut attaché à la

potence que, dans sa haine jalouse, il avait déjà fait dresser pour Mardochée.

### 5. — La Judée sous la domination macédonienne. — Alexandre le Grand à Jérusalem (332).

Alexandre le Grand, vainqueur du roi de Perse, irrité de la fidélité que les Juifs gardaient à ce prince, marcha contre Jérusalem.

Le grand prêtre Jaddus, revêtu de ses habits pontificaux, alla au-devant de lui. Alexandre reconnut dans ce pontife un vieillard vénérable qui lui était apparu en songe et lui avait promis l'empire de l'Asie.

A cette vue, le cœur du monarque fut changé. Il monta au temple pour offrir un sacrifice au vrai Dieu; et ayant lu la prophétie de Daniel qui annonçait ses victoires, pénétré d'admiration, il combla les Juifs de priviléges et de bienfaits.

A la mort d'Alexandre, la Judée, placée entre l'Egypte et la Syrie, passa tour à tour sous la domination des Egyptiens et des Syriens.

### 6. — La Judée sous les rois d'Egypte (301).

Ptolémée Soter, reconnaissant la fidélité des Juifs, les traita avec douceur et en attira un grand nombre en Egypte par ses bienfaits.

Ptolémée Philadelphe fit traduire en grec les saintes Ecritures. Cette traduction, si célèbre sous le nom de *Version des Septante,* écrite dans la langue la plus belle et la plus répandue du monde, fit connaître les livres saints à un grand nombre de peuples, et prépara ainsi la prédication de l'Evangile.

Ptolémée Philopator persécuta cruellement les Juifs. Après sa mort, la Judée passa sous la domination des rois de Syrie.

### 7.—La Judée sous les rois de Syrie (201). — Héliodore (175).— Persécution d'Antiochus (168).

Les Juifs furent traités favorablement par Antiochus le Grand; mais ses successeurs ne l'imitèrent point.

L'un d'eux, Séleucus Philopator, inspiré par son avarice, envoya son ministre, Héliodore, à Jérusalem pour piller le trésor du temple réservé pour les veuves, les orphelins et les besoins du sanctuaire.

Dieu ne permit pas la profanation de son temple: Héliodore, terrassé par une main divine, ne dut la vie qu'aux prières du grand prêtre Onias.

Antiochus Epiphane, s'étant emparé de Jérusalem, voulut substituer le culte des idoles à celui du vrai Dieu, et exerça des cruautés inouïes sur tous les Juifs qui ne voulurent pas renoncer à leur religion.

Les plus célèbres martyrs furent le saint vieillard Eléazar qui, pressé pas ses amis de faire semblant de manger des viandes défendues et de violer ainsi la loi de Dieu, préféra la mort à cette coupable lâcheté; et les sept frères Machabées qui souffrirent avec un courage héroïque les plus cruels tourments, soutenus par une mère incomparable, dont le martyre suivit celui de ses enfants.

### 8.— Les Machabées (167).

Ce fut alors qu'un saint prêtre, nommé Mathatias résolut de délivrer sa patrie. Il se retira dans les montagnes, ralliant autour de lui tous les Juifs fugitifs, et défit les Syriens à plusieurs reprises.

Enlevé au milieu de ses victoires, ce grand homme laissa cinq fils pour continuer son œuvre: Jean, Simon, Judas, Éléazar et Jonathas.

Judas, surnommé Machabée, c'est-à-dire exterminateur des ennemis de Dieu, succéda à son père dans le commandement.

Il vainquit tous les généraux qu'Antiochus envoya pour soumettre la Judée, rétablit le culte de Dieu, triompha des peuples voisins et revint à Jérusalem victorieux et humble, rapportant au Dieu des armées tout l'honneur de la victoire.

Antiochus, furieux des exploits de Judas, accourait en Judée avec des projets de vengeance quand Dieu le frappa et le fit mourir dans d'atroces souffrances, dévoré vivant par les vers.

Judas Machabée remporta de nouvelles victoires sur les successeurs d'Antiochus et fit alliance avec les Romains. Il mourut au sein de son triomphe, pleuré de tout Israël.

Jonathas succéda à son frère et se signala comme lui par de brillantes victoires. Il mourut traitreusement assassiné par Tryphon, général d'Antiochus.

Simon hérita de son pouvoir. Il renouvela l'alliance avec les Romains, et acquit de tels droits à la reconnaissance de ses concitoyens qu'ils déclarèrent héréditaire dans sa famille la dignité de souverain pontife, de chef et de prince de la nation.

Ainsi commença la dynastie des Machabées ou Asmonéens.

Simon mourut assassiné. Jean Hyrcan, son fils, soumit les Iduméens et les Samaritains. Il fut le dernier héros de sa race.

### 9. — Royauté rétablie (107). — Princes Asmonéens.

Aristobule, fils de Jean Hyrcan, prit le titre de roi. Il fit mourir sa mère et ses frères et ne régna que deux ans.

Son frère Alexandre Jannée eut un règne agité par des troubles continuels. Alexandra sa veuve régna glorieusement.

A la mort de cette princesse, Hyrcan II et Aristobule II, ses fils, s'étant disputé le souverain pouvoir, les Romains intervinrent, et se déclarèrent pour Hyrcan.

Le royaume de Judée devint alors une véritable province romaine. Antigone, l'un des fils d'Aristobule, parvint à remonter sur le trône, mais l'Iduméen Hérode, ayant imploré la protection des Romains, fut nommé par eux roi des Juifs (39).

Le sceptre sortit ainsi de la maison de Juda. C'était, selon la prophétie de Jacob, le signal de la venue prochaine du Messie.

## 10. — Règne d'Hérode (39).

Hérode chercha à consolider son usurpation par des crimes. Son règne ne fut qu'une suite de forfaits et de malheurs domestiques.

Après avoir fait périr tout ce qui restait de la famille royale des Asmonéens, il tourna sa fureur contre sa propre famille et immola à ses soupçons sa femme et trois de ses fils.

Il reçut cependant le titre de Grand, à cause de sa magnificence.

La dernière année de son règne fut signalée par la naissance de Jésus-Christ, qu'il poursuivit de sa haine jalouse, et voulut envelopper dans le massacre des innocents.

Une affreuse maladie mit un terme à sa vie et à ses cruautés.

Son fils Archélaüs, qu'il avait désigné pour son successeur, fut exilé dans les Gaules par Auguste, et un décret impérial réunit définitivement la Judée à l'empire romain.

## 11. — La Judée sous les empereurs romains. — Ruine de Jérusalem (70 après J.-C.).

L'administration intérieure de la Judée fut confiée à des princes juifs qui prirent le titre de Tétrarques.

Mais les divisions de ces princes et les révoltes continuelles des Juifs obligèrent les Romains à y envoyer des gouverneurs.

L'un d'eux, Ponce-Pilate, dans la crainte de se compromettre auprès de l'empereur Tibère, eut la lâcheté d'abandonner le Sauveur à la haine des Juifs.

Les révoltes de ceux-ci, rendues de plus en plus fréquentes par la tyrannie des proconsuls romains finirent par irriter les maîtres du monde.

L'empereur Vespasien envoya contre les rebelles Titus, son fils, qui fit le siége de Jérusalem et malgré l'opiniâtre défense de cette ville, s'en empara, l'an 70 après Jésus-Christ.

Malgré la recommandation expresse faite par Titus d'épargner le Temple, ce majestueux édifice fut brûlé jusque dans ses fondements.

Le siége de Jérusalem coûta la vie à onze cent mille Juifs qui succombèrent aux désastres de la guerre ou aux horreurs de la famine.

La ville fut ruinée de fond en comble, la nation juive fut dispersée sans retour.

Ainsi s'accomplirent avec une effrayante exactitude les prédictions des prophètes et la vengeance du ciel, qui pèse encore sur le peuple coupable qui a méconnu et sacrifié son Dieu et son Sauveur.

## 12.— Revue sommaire de la huitième Epoque.

Cette période, signalée par la naissance, la vie et la mort de notre Seigneur Jésus-Christ, nous montre les Israélites passant successivement sous la domination des Perses, des Macédoniens, des Egyptiens, des Syriens, et perdant enfin sans retour leur nationalité dans l'immense empire des Romains.

----

## QUESTIONNAIRE.

1. Que fit Cyrus en faveur des Juifs ?— Quel fut le sort de ceux-ci sous la domination perse ? — Par qui furent-ils gouvernés au retour de la captivité ?

2. Parlez de la construction et de la dédicace du second temple.

3. Quelle fut l'œuvre d'Esdrast et de Néhémie ?

4. Racontez l'histoire d'Esther.

5. Quel fut le sort des Juifs sous la domination d'Alexandre le Grand ?

6. Comment la Judée fut-elle traitée par les rois d'Egypte ? — A quoi servit la version des Septante ?

7. Parlez du châtiment d'Héliodore. — Quels furent les plus célèbres martyrs de la persécution d'Antiochus ?

**8.** Qui résista à Antiochus ?— Nommez les fils de Mathatias.— Dites les exploits de Judas Machabée.— Parlez de Jonathas et de Simon.

**9.** Nommez les princes Asmonéens.

**10.** Quel fut le dernier roi de Judée, et que savez-vous sur lui ? — Qu'arriva-t-il de remarquable pendant la dernière année du règne d'Hérode ?

**11.** Dites les vicissitudes de la Judée sous les empereurs romains.— Comment s'accomplirent les prophéties concernant Jérusalem ?

**12.** Résumez succinctement la huitième époque.

**

# Précis de la Vie de notre Seigneur Jésus-Christ.

## VIE CACHÉE.

### 1.-- Annonciation.

Sous le règne d'Hérode, vivait à Nazareth, petite ville de Galilée, une humble jeune fille, appelée Marie, de la tribu de Juda et de la famille de David, qui venait d'épouser un homme juste, de la même famille qu'elle, nommé Joseph.

Dieu lui envoya l'ange Gabriel pour lui annoncer qu'elle serait la mère du Messie promis par Dieu au monde.

Elle était en prière quand il lui apparut et lui dit : « Je vous salue, Marie, pleine de grâce, le Seigneur est avec vous, vous êtes bénie entre toutes les femmes. »

Marie fut troublée en entendant ces paroles; mais l'ange la rassura en lui disant : « Ne craignez point, vous avez trouvé grâce devant Dieu. Le Saint-Esprit vous donnera un fils, que vous nommerez Jésus. Il sera grand, et on l'appellera le Fils du Très-Haut.»

Alors Marie répondit humblement à l'ange : « Je suis la servante du Seigneur; qu'il me soit fait selon votre parole. »

## 2. — Naissance de Jésus.

Vers le même temps, l'empereur Auguste ordonna le dénombrement de tous les sujets de l'empire romain : et chacun dut aller se faire inscrire dans la ville de son origine.

Joseph et Marie se rendirent donc à Bethléem, lieu de la naissance de David dont ils étaient descendants. N'ayant pu trouver de place dans les hôtelleries, ils se retirèrent dans une pauvre étable abandonnée.

Ce fut dans cet humble asile, dans la plus profonde pauvreté, au milieu de la nuit, que naquit le Fils de Dieu, le 25 décembre, 4138 après la création du monde.

Une crèche fut son berceau ; et de simples bergers, à qui un ange révéla sa naissance, ses premiers adorateurs.

Quelle leçon d'humilité !

## 3. — Enfance de Jésus.

Huit jours après sa naissance, le divin enfant fut circoncis et nommé Jésus, c'est-à-dire, Sauveur.

Des Mages, guidés par une étoile mystérieuse, vinrent du fond de l'Orient jusqu'à Bethléem pour l'adorer ; ils lui offrirent de l'or, de l'encens et de la myrrhe, le reconnaissant par là, pour roi, Dieu et homme tout ensemble.

***

Le quarantième jour, Marie, selon la loi de Moïse, présenta au Temple son fils premier-né, et le racheta par l'offrande du pauvre. C'est là que le saint vieillard Siméon et Anne la Prophétesse, divinement inspirés, saluèrent dans l'enfant de Marie, le Rédempteur d'Israël.

Cependant, Hérode, averti par les Mages de la naissance du Messie, craignant qu'il ne lui ravît sa puissance, ordonna le massacre de tous les petits enfants de Bethléem et des environs, afin que celui qu'il redoutait n'échappât point à la mort.

Mais Dieu veillait sur son fils. Joseph, averti par un ange, s'enfuit en Egypte avec l'enfant Jésus et sa mère et ne revint qu'après la mort d'Hérode.

De retour à Nazareth, l'enfant Jésus vécut dans le travail et dans le silence aidant son père adoptif dans son humble métier de charpentier.

Une seule fois, à l'âge de douze ans, étant à Jérusalem pour la fête de Pâques, il manifesta sa sagesse suprême dans le Temple, au milieu des docteurs, qu'il remplit d'admiration par sa science surnaturelle.

Puis il rentra dans l'obscurité et l'obéissance, et toute l'histoire de cette époque de sa vie peut se résumer dans ces mots de l'Evangile :

« Jésus était soumis en tout à ses parents ; il croissait en âge, en sagesse et en grâce devant Dieu et devant les hommes. »

C'est ainsi qu'il a voulu être le modèle de l'enfance, comme celui de tous les âges de la vie.

# VIE PUBLIQUE.

## 4.— Baptême de Jésus-Christ.

Jésus venait d'accomplir sa trentième année. C'était le moment qu'il avait choisi pour se manifester aux hommes, et commencer le ministère divin qu'il était venu exercer sur la terre.

Il vint donc sur les rives du Jourdain où saint Jean-Baptiste, son précurseur, prêchait le baptême de la pénitence ; et, afin de nous donner l'exemple, lui, le Saint des saints, se présenta dans la foule des pécheurs pour être baptisé.

Saint Jean le reconnut ; mais il se soumit humblement à ses ordres et le plongea dans les eaux du Jourdain.

Aussitôt les cieux s'ouvrirent, le Saint-Esprit, sous la forme d'une colombe, descendit sur le Sauveur, et une voix du ciel fit entendre ces paroles : « Celui-ci est mon fils bien-aimé en qui j'ai mis toutes mes complaisances. »

Après son baptême, Jésus se retira dans le désert, où il se prépara à sa divine mission par quarante jours de jeûne et de prières. Pour nous servir de modèle, il permit au démon de le tenter, et remporta sur lui une triple victoire.

Peu de jours après, il se fit des noces à Cana, en Galilée. La sainte Vierge y était, Jésus y fut aussi invité avec ses disciples. Le vin étant venu à manquer, le Sauveur à la prière de sa Mère, fit remplir six grands vases d'eau, et changea cette eau en un vin délicieux.

Ce fut là son premier miracle ; il manifesta sa puissance, et un grand nombre crurent en lui.

### 5.— Ministère évangélique de Jésus-Christ. —Sa Doctrine.— Sa vie.— Ses Miracles.

Pour remplir sa mission divine, Jésus parcourut la Judée, annonçant partout le règne de Dieu, et manifestant sa sagesse et sa puissance par la sublimité de sa doctrine, la sainteté de sa vie et l'éclat de ses miracles.

Parmi les nombreux disciples qui s'attachèrent à lui, il en choisit douze qu'il nomma Apôtres, c'est-à-dire envoyés. Il leur confia la glorieuse mission de fonder son Église et de prêcher son Évangile par toute la terre.

Par sa doctrine, Jésus-Christ établit la morale la plus sublime et la plus pure. Il résuma toute la loi dans ces deux admirables commandements : l'amour de Dieu et l'amour du prochain. Il enseignait à tous le pardon des injures, l'acceptation volontaire des épreuves, le mépris des satisfactions temporelles, préceptes d'une perfection jusqu'alors inconnue.

Sa vie était l'exemple de toutes les vertus qu'il enseignait : rempli de patience, de miséricorde et de charité, doux et humble de cœur, zélé pour la gloire de son Père, détaché de tous les biens d'ici-bas, saint dans toutes ses œuvres, il put véritablement dire de lui-même : « Qui de vous me con-vaincra d'aucun péché ? »

A la sainteté de sa vie, il joignit l'éclat de ses miracles : on le vit apaiser les tempêtes, chasser les démons, guérir les lépreux, rendre la vue aux aveugles, l'ouïe aux sourds, la parole aux muets, le mouvement aux paralytiques, la vie aux morts et la grâce aux pécheurs.

C'est ainsi qu'il passa en faisant le bien !

### 6. — Complots contre Jésus-Christ. — Son entrée triomphante à Jérusalem.

L'éclat des vertus et des miracles du Sauveur lui attira la haine farouche des Pharisiens et des princes des prêtres juifs, dont il avait plus d'une fois dévoilé l'orgueil et l'hypocrisie ; et ils ne songèrent plus qu'à le faire mourir.

Jésus, sachant que son heure était venue, se rendit à Jérusalem où il fut reçu en triomphe par la foule de peuple qui s'y trouvait réunie pour la fête de Pâques.

Il versa des larmes sur cette ingrate cité qui devait, en le méconnaissant, s'attirer bientôt la réprobation et la ruine.

En présence de l'enthousiasme du peuple, les ennemis de Jésus redoublèrent de haine. Tandis qu'ils cherchaient entre eux le moyen de se saisir de lui, Judas, l'un des douze Apôtres, poussé par une détestable avarice, vint les trouver, et leur promit de leur livrer son maître pour trente pièces d'argent.

## 7. — Institution de l'Eucharistie.

La veille de sa mort, Jésus réunit une dernière fois ses Apôtres pour célébrer avec eux la Pâque judaïque.

Après qu'ils eurent mangé l'Agneau pascal, ainsi que l'ordonnait la loi de Moïse, le divin Sauveur voulut instituer une pâque nouvelle, dont la première n'était que la figure.

Il prit du pain, le bénit, le rompit et le donna à ses disciples en disant : « Prenez et mangez, ceci est mon corps. »

De même prenant la coupe, il rendit grâces et la leur transmit en disant : « Buvez-en tous, car ceci est mon sang, le sang de la nouvelle alliance qui sera répandu pour la rémission des péchés. Faites ceci en mémoire de moi. »

C'est ainsi qu'il institua l'adorable sacrement de l'Eucharistie, testament de son amour pour les hommes.

## PASSION.

## 8. — Agonie de Jésus au jardin des Oliviers.

Après que le divin Sauveur eut avec une tendresse infinie donné ses derniers enseignements à ses Apôtres, il se rendit avec eux dans un jardin solitaire situé au pied de la montagne des Oliviers.

Là, se retirant à l'écart, il fut saisi d'une tristesse mortelle, et tombant le visage contre terre, il s'écria :

« Mon Père, éloignez de moi, s'il est possible, ce calice d'amertume; cependant, que votre volonté se fasse et non pas la mienne. »

Dans cette suprême agonie, l'Homme-Dieu voulut éprouver toutes les défaillances de notre nature en présence de la douleur et de la mort. Une sueur de sang coula de tout son corps jusqu'à terre, et un ange lui apparut pour le fortifier.

Revenu auprès de ses disciples endormis, il les éveilla doucement et leur dit : « Levez-vous, allons ! Celui qui doit me trahir est près d'ici. »

En effet, Judas s'avançait à la tête d'une troupe de gens armés, et s'approchant de son divin Maître, il lui donna le baiser de la trahison.

Jésus, le maître du monde, qui pouvait d'un seul regard anéantir ses ennemis, se livra sans résistance aux gardes envoyés pour le saisir.

### 9. — Souffrances de Jésus.

Abandonné par ses disciples, chargé de chaînes comme un criminel, traîné de tribunaux en tribunaux, renié trois fois par saint Pierre, accablé d'outrages, flagellé, couronné d'épines, le divin Sauveur fut enfin condamné au supplice de la croix par Pilate, gouverneur romain, qui, le proclamant innocent, eut la lâcheté de le livrer à ses ennemis.

Jésus, chargé de sa croix, gravit la montagne

du Calvaire, lieu destiné pour le supplice des criminels. Sur le chemin, il consola les femmes de Jérusalem qui le suivaient en pleurant.

Arrivé au sommet du Calvaire, il fut crucifié entre deux voleurs. Elevé sur la croix, les mains et les pieds transpercés par les clous, en proie à d'indicibles souffrances, abandonné de Dieu et des hommes, Jésus n'eut pour ses bourreaux qu'une parole de miséricorde : « Mon Père, pardonnez-leur, ils ne savent ce qu'ils font. »

### 10.— Mort et sépulture de Jésus.

De midi à trois heures, pendant l'agonie de l'Homme-Dieu, la terre se couvrit d'épaisses ténèbres.

Alors elles se dissipèrent et Jésus s'écria : «Mon Dieu, mon Dieu, pourquoi m'avez-vous abandonné? » Il dit ensuite : « J'ai soif. » Et ayant goûté du vinaigre qu'on lui offrait dans une éponge, au bout d'un roseau, il ajouta : « Tout est consommé; mon Père, je remets mon âme entre vos mains. » Et inclinant la tête, il expira.

Au même instant, le voile du temple se déchira en deux, la terre trembla, les rochers se fendirent, des morts sortirent de leurs tombeaux, et ceux qui étaient présents, remplis de terreur, s'écriaient en se frappant la poitrine : «Cet homme était vraiment le fils de Dieu.

Joseph d'Arimathie, disciple de Jésus, ayant obtenu son corps, l'embauma et le mit dans un sépulcre neuf, dont l'entrée fut fermée avec une grosse pierre.

Les princes des prêtres sachant que Jésus avait prédit qu'il ressusciterait le troisième jour après sa mort, craignirent que ses disciples ne vinssent l'enlever. Ils scellèrent donc la pierre qui fermait l'entrée du tombeau et ils y mirent des gardes.

Ces précautions devaient rendre plus éclatant encore le miracle de la résurrection.

## VIE GLORIEUSE.

### 11. — Résurrection de Jésus-Christ.

A l'aube du troisième jour, Jésus, vainqueur de la mort, sortit glorieux du sépulcre.

Aussitôt la terre trembla, un ange brillant de lumière descendit du ciel, leva la pierre qu'on avait scellée et s'assit dessus, à l'entrée du tombeau.

A cette vue, les gardes, saisis de frayeur, tombèrent comme morts.

### 12. — Apparitions de Jésus. — Son Ascension. Descente du Saint-Esprit.

Jésus ressuscité passa quarante jours sur la terre pour fortifier ses Apôtres dans la foi de sa résurrection, confirmer la mission qu'il leur avait donnée, achever de les instruire, et les préparer à la venue de l'Esprit-Saint.

Le quarantième jour après sa résurrection il le
conduisit sur la montagne des Oliviers, les bén[i]
et s'éleva au ciel en leur présence.

Tandis qu'ils le suivaient du regard, une nué[e]
le déroba à leurs yeux; et deux anges leur appa[-]
rurent pour leur annoncer que ce même Jésus qu[i]
venait de monter au ciel, en descendrait un jou[r]
plein de gloire et de majesté, pour juger les vivan[ts]
et les morts.

Dix jours après l'Ascension, à la fête de la Pe[n-]
tecôte, les apôtres et les disciples retirés avec [la]
sainte Vierge dans le cénacle attendaient en pria[nt]
le don qui leur avait été promis.

Tout à coup un vent impétueux retentit, et [le]
Saint-Esprit, sous la forme de langues de feu, des[-]
cendit sur chacun d'eux, éclaira leur intelligenc[e,]
toucha leur cœur, en fit des hommes nouveaux.

Dès lors l'Église fut fondée; les apôtres, apr[ès]
avoir commencé leurs prédications à Jérusalem, [se]
répandirent dans toute la terre, portant partout [la]
lumière de l'Évangile, confirmant leur mission pa[r]
la sainteté de leur vie et l'éclat de leurs miracles, [et]
scellant de leur sang le témoignage rendu par eu[x]
au Christ rédempteur du monde.

---

## QUESTIONNAIRE.

1. Qu'était-ce que la sainte Vierge?— Comment l'ang[e]
Gabriel lui annonça-t-il le mystère de l'Incarnatio[n]
— Quelle fut sa réponse?

2. A quelle époque, en quel lieu et dans quelles circonstances naquit le Sauveur des hommes ?

3. Que savez-vous sur l'enfance de Jésus ? — Résumez-la en quelques mots.

4. A quel âge le Sauveur se manifesta-t-il aux hommes, et par quel acte commença-t-il sa vie publique ? — Quel fut son premier miracle ?

5. Combien Jésus choisit-il d'Apôtres ? — Dites ce que vous savez de sa doctrine, de sa vie, de ses miracles.

6. Quels furent les ennemis du Sauveur ? — Par qui fut-il trahi ?

7. Racontez l'institution de l'Eucharistie.

8. Que se passa-t-il au jardin des Oliviers ?

9. Quelles furent les souffrances de Jésus et comment les supporta-t-il ?

10. Quels prodiges s'opérèrent à la mort du Sauveur ? — Par qui fut-il enseveli ? — Quelles précautions prirent les princes des prêtres ?

11. Quelle est la preuve la plus éclatante de la divinité de Jésus-Christ ?

12. Que fit Jésus pendant les quarante jours qu'il passa sur la terre après sa résurrection ? — Qu'arriva-t-il le jour de l'Ascension ? — Celui de la Pentecôte ? — Quels effets merveilleux produisit le Saint-Esprit dans les Apôtres ?

★★★★

# TABLE DES MATIÈRES.



## PREMIÈRE ÉPOQUE.



Création du Monde. — Adam et Eve. — Le Paradis terrestre. — Précepte divin. — Désobéissance d'Adam et d'Eve. — Punition du premier péché. — Promesse d'un Rédempteur. — Caïn et Abel. — Châtiment de Caïn. — Seth et sa postérité. — Perversion de l'humanité. — Construction de l'Arche. — Revue sommaire.

## DEUXIÈME ÉPOQUE.



Le Déluge. — Sortie de l'Arche. — Tour de Babel. — Dispersion des Hommes. — Revue sommaire.

## TROISIÈME ÉPOQUE.



Vocation d'Abraham. — Séparation de Loth et d'Abraham. — Captivité de Loth et sa délivrance. — Naissance d'Isaac. — Destruction de Sodome et de Gomorrhe. — Agar et Ismaël dans le désert. — Sacrifice d'Abraham. — Mariage d'Isaac. — Naissance d'Esaü et de Jacob. — Esaü vend son droit d'aînesse. — Echelle mystérieuse. — Jacob chez Laban. — Retour de Jacob au pays de Chanaan. — Les fils de Jacob. — Joseph vendu par ses frères. — Joseph chez Putiphar. — Joseph dans la prison. — Songe de Pharaon. — Elévation de Joseph. — Les fils de Jacob en Egypte. — Second voyage des fils de Jacob. — Joseph se fait reconnaître a ses frères —Jacob en Egypte. — Mort de Jacob. Cinquième promesse du Messie. — Mort de Joseph. — Histoire de Job. — Oppression des Israélites en Egypte — Moïse sauvé des eaux. — Fuite de Moïse au pays de Madian. — Vocation de Moïse. — Les dix plaies d'Egypte. — Célébration de la Pâque. — Revue sommaire.

## QUATRIEME ÉPOQUE.



Sortie d'Egypte. — Passage de la mer Rouge — Entrée dans le Désert. Miracles divins.

Princes Asmonéens. — Règne d'Hérode. —
La Judée sous les empereurs romains. Ruine
de Jérusalem. — Revue sommaire.



Annonciation. — Naissance de Jésus. — Enfance
de Jésus. — Baptême de Jésus-Christ. — Minis-
tère évangélique de Jésus-Christ. Sa Doctrine.
Sa vie. Ses Miracles. — Complots contre Jésus-
Christ. Son entrée triomphante à Jérusalem. —
Institution de l'Eucharistie. — Agonie de
Jésus au jardin des Oliviers. — Souffrances
de Jésus. — Mort et sépulture de Jésus. — Ré-
surrection de Jésus-Christ. — Apparitions de
Jésus. Son Ascension. Descente du Saint-
Esprit.

# ERRATA.

<table>
<tr><td>Pages.</td><td>Lignes.</td><td>Lisez :</td></tr>
<tr><td>3</td><td>11</td><td>fut dès lors consacré.</td></tr>
<tr><td>5</td><td>22</td><td>les plus nobles dons.</td></tr>
<tr><td>9</td><td>12</td><td>longue vie utile.</td></tr>
<tr><td>110</td><td>13</td><td>le Sauveur des hommes, le 25 décembre, l'an 4138.</td></tr>
<tr><td>118</td><td>22</td><td>le mépris des jouissances.</td></tr>
</table>